AF459769

LA SUPÉRIORITÉ
DE LA
FEMME CHRÉTIENNE

PAR

ANTOINE PICCIONI
DOCTEUR EN MÉDECINE

BASTIA
IMPRIMERIE Vᵉ EUGÈNE OLLAGNIER
—
1879

LA SUPÉRIORITÉ
DE
LA FEMME CHRÉTIENNE

LA SUPÉRIORITÉ

DE LA

FEMME CHRÉTIENNE

PAR

ANTOINE PICCIONI

DOCTEUR EN MÉDECINE

BASTIA

IMPRIMERIE Vᵉ EUGÈNE OLLAGNIER

1879

Errata

Page 64. Premier alinéa, 2e ligne :
« La mère chrétienne *réagira*. »

Page 69. Dernière ligne :
« Sans songer que la justice divine permet
» que ces engins de guerre.... »

Page XIII. Troisième alinéa, 4e ligne :
« Ainsi parle la raison. *Si* vous possédez la
» foi ! — Ah ! elle dit plus. »

Page LXXVI. Premier alinéa, 2e ligne :
« *Quand* le matérialisme. »

L'erreur dans laquelle nous sommes tombés, en croyant que nous pouvions nous passer de tout lien moral ou religieux, & les maux qui en ont été la conséquence, m'ont fait écrire ce petit livre sur la Supériorité de la Femme Chrétienne. *Je l'ai entrepris afin de m'acquitter d'un devoir.*

Dans les temps troublés où nous vivons, je ne vois pas d'autre moyen de résoudre les questions politiques ou sociales qui nous divisent, que par l'éducation & l'instruction religieuse.

La science religieuse embrasse, en effet, toutes les questions sociales. Elle seule peut les résoudre avec avantage. La femme chrétienne peut puissamment y contribuer.

Bastia, 1876.

LA SUPÉRIORITÉ
DE LA
FEMME CHRÉTIENNE

CHAPITRE PREMIER.

« Scitote quoniam Dominus ipse est
» Deus, ipse fecit nos et non ipsi nos. »

I.

Considérée au point de vue de la révélation, la femme chrétienne est supérieure à l'homme du monde par la façon même dont elle a été créée. Ce n'est pas sans motifs, en effet, que le Créateur a employé, pour elle, un procédé à part et que, au lieu de la former de limon, à l'instar de notre premier père, il a préféré la tirer du corps de l'homme, comme s'il avait voulu nous prouver, par là, l'identité de nature et l'égalité des droits, la nécessité d'une soumission égale aux lois du Créateur pour les deux sexes. D'où il résulte clairement que la création de la femme a eu pour principal but de compléter et de multiplier, pour ainsi dire, le premier homme : *et erant duo in carne una.*

Mais ici ne s'arrêtent pas les caractères distinctifs de la femme à cet égard. La faculté de la maternité lui donne l'incomparable privilége d'enfanter, par l'éducation, l'homme moral, et la place immédiatement au-dessus de tous les êtres terrestres à ce point de vue. Aussi, rien ne saurait remplacer l'éducation d'une mère chrétienne auprès de ses enfants. La femme a reçu, effectivement, pour mission, de la part de l'Auteur de l'univers, d'élever des chrétiens, c'est-à-dire des hommes profondément religieux, connaissant les lois du Créateur et fermement voués à leur observation. La femme chrétienne est appelée, en outre, à un autre apostolat : elle est appelée à propager, dans le monde, la doctrine de l'Evangile, soit par l'exemple de ses vertus, soit par la pratique de la charité qui les résume toutes.

Or, en présence de ces faits, nous le demandons : pourquoi faut-il que la femme chrétienne soit soumise à une tutelle perpétuelle pendant sa vie mortelle ? — Et pourquoi, dans cet état anormal des choses, doit-elle être plus responsable que l'homme, dans des conditions données, vis-à-vis de notre législation ? — C'est tout le contraire de ce qui devrait avoir lieu.

Il n'y a pas, en effet, de raison pour que la femme chrétienne ne jouisse des mêmes prérogatives que l'homme, principalement dans ce qui regarde les intérêts matériels de la famille et, avec plus d'avantage, dans tout ce qui est relatif aux intérêts moraux des sociétés humaines. Car la femme a reçu de son Créateur, cette haute mission : « Conserver précieusement » allumé le feu de la morale sur l'autel de la » patrie. »

Porter arbitrairement atteinte à ces nobles prérogatives de la moitié du genre humain, c'est diminuer la responsabilité de la femme ; c'est enfreindre les lois de la nature. Car la femme moralement considérée, dans ses diverses conditions d'épouse, de fille et de mère, a une plus grande responsabilité que l'homme ; ce qui en démontre d'ailleurs la supériorité. Dans toutes ces conditions, elle n'en demeure pas moins le foyer de la pureté des mœurs domestiques, pureté sur laquelle s'établit la grandeur des nations et sans laquelle les Etats les plus florissants sont condamnés à disparaître.

L'histoire universelle du genre humain nous confirme cette grande vérité. Le culte du feu sacré de la morale, dont des vierges étaient chargées, remonte à la plus haute antiquité. Après la chute de nos premiers parents, ce culte était comme un pressentiment de l'avénement de Marie et de son divin Fils par qui les péchés du monde sont effacés.

II.

Considérée au point de vue chrétien, la femme est encore supérieure à l'homme, même par sa faiblesse physique, comparée à cette force brutale qui ne semble se préoccuper que de couvrir la terre de crimes, de ruines et de sang, et qui a adopté pour principe cette maxime barbare : « la force prime le droit. » — Dans l'œuvre éternelle du Créateur, c'est précisément le contraire de ce principe qui est vrai. Tous les mondes sont réglés et mûs par des lois, comme toutes les intelligences sont dominées par le droit.

Si l'on pouvait élever des doutes à ce sujet, la morale naturelle, la morale révélée, la morale écrite dans le cœur des humains, seraient là pour en rendre témoignage. Mais c'est surtout le Christ qui s'est appuyé sur le droit inné contre la force matérielle, sur le droit éternel et immuable, pour établir sa doctrine divine sur la terre. Car l'homme injuste disparaîtra avec sa force et sa toute-puissance comme un fléau de Dieu et un météore de malheur, tandis que la justice demeure éternellement ce qu'elle est. Or, la vérité évangélique proclame la puissance des humbles, des pacifiques, des faibles, des croyants et des miséricordieux. Et elle leur assure, avec les joies du ciel, la possession de la terre. — Nous trouvons, précisément, toutes ces qualités réunies dans la femme chrétienne.

Interrogez donc, ô puissants de la terre, au nom de la force qui vous gouverne, les mères de famille dignes de ce nom, animées de ces sentiments, et demandez-leur ce qu'elles pensent touchant vos armes de précision, votre service militaire obligatoire, vos motifs de guerre et les hécatombes de vos batailles ? — Elles vous répondront : que la guerre est le plus grand fléau du genre humain, précisément parce qu'elle est la conséquence de l'abus de la force contre le droit, contre le droit inné des mères, des épouses et des filles à la vie de leurs enfants, de leurs maris, de leurs frères, contre le droit qu'elles ont à leur existence, à une partie du produit de leurs sueurs, conformément à la loi de Dieu. La maxime impie de « la force primant le droit » enfante tous les crimes et toutes les iniquités.

Mais là ne s'arrêtent pas les prérogatives de la faiblesse physique de la femme chrétienne, comparée à la force brutale, vis-à-vis de la doctrine évangélique, de la loi morale, du droit surnaturel qui domine la création. Avant de remonter à l'histoire du paganisme, sur ce sujet, nous jetterons un coup d'œil sur les faits et les événements de l'aurore du christianisme. En livrant sa vie à ses bourreaux, sans résistance, l'Homme-Dieu a sacrifié, le premier, sa personne au principe divin : « Le droit prime la force. » — Et, en s'appuyant sur le droit éternel du faible opprimé, conformément à la doctrine qu'il apportait aux hommes, il a triomphé du monde romain bardé de fer, en même temps que de tous les peuples barbares que l'Empire opprimait en vertu de la maxime : « La force prime le droit. »

Le Sauveur a déclaré, en outre, que le royaume des Cieux appartient à ceux qui ressemblent aux petits enfants chez lesquels la force brutale n'existe pas. Il a appelé, autour de lui, comme auxiliaires de son enseignement, quelques pauvres pêcheurs aussi simples qu'illettrés. Il a accepté, également, le concours de quelques femmes que la piété attirait auprès de lui. Du haut de la croix, où la force brutale l'avait cloué, il a légué, enfin, le monde à sa Sainte-Mère, comme la plus noble expression du droit ! Il y a de cela 1843 ans.

Et, aujourd'hui même, son représentant sur la terre, le vénérable Pontife Pie IX, chargé d'années, sans fortune, sans défense, dépouillé de ses biens et privé de son indépendance, n'est que le résumé, l'expression de la faiblesse matérielle. Cependant, du fond de son asile, il n'en gouverne pas moins l'Eglise, c'est-à-dire plus de deux cents millions de catholiques. L'Eglise en particulier, la Chrétienté en général, se trouvent, de nos jours, elles-mêmes, en butte à de nouvelles persécutions, à de nouveaux Dioclétiens, agissant contre le droit au nom de la force brutale.

Et l'Eglise et la Chrétienté restent encore désarmées, comme au temps du Sauveur, annonçant la loi méconnue : « Le droit prime la force ». — Cela n'empêchera pas le triomphe de la loi du Sauveur contre la loi du plus fort. Mais ce triomphe se fera longtemps attendre. Et la religion et l'Eglise, et la femme et la famille, la faiblesse et l'humanité en subiront les désastreuses conséquences. Il n'en serait certes pas ainsi si la femme chrétienne pouvait faire valoir son droit contre la force matérielle. La criante injustice dont la moitié du genre humain est ainsi frappée, la façon dont la force brutale l'a mutilée, est encore la source féconde de tous nos maux.

« Ma grâce vous suffit, dit le Seigneur, car » ma puissance se fait mieux paraître dans la » faiblesse. » (St-Paul).

III.

Au point de vue purement humain, la femme chrétienne est encore supérieure à l'homme du monde, comme mère, comme épouse, comme fille de famille ou sœur de charité.

L'histoire universelle du genre humain, en effet, nous la montre partout, dans la chaumière ou sur le trône, aux pieds des autels ou sur les champs de bataille, au lit des malades ou au chevet des mourants, toujours animée des plus nobles sentiments. Sainte Geneviève, bergère de Nanterre ; Sainte Monique, patricienne ; Sainte Elisabeth, reine de Hongrie ; Jeanne d'Arc, pauvre fille de Domrémy, et mille autres femmes de cette valeur, dont les noms honorent l'humanité, sont là pour le prouver.

D'un autre côté, quiconque a pris la peine d'observer, d'étudier, d'une manière comparative, les prérogatives de la femme chrétienne, aura noté, avec surprise, la force d'âme, la puissance morale de la femme, relativement à son excessive sensibilité native. Et, à ce sujet, qui n'a pas admiré, dans les services de chirurgie des grands hôpitaux de Paris, par exemple, le stoïcisme des femmes, sous l'action douloureuse de l'instrument de l'opérateur ? Je me rappelle encore Lisfranc, coupant le sein à une femme, inquiet de son silence autant que de son impassibilité, la priant de se plaindre et de donner libre cours à sa douleur... J'ai vu, à la Maternité de Dublin, plusieurs femmes en proie aux plus vives douleurs de l'enfantement, garder le plus profond silence, et n'accepter un lit que pour y déposer le fruit de leur amour maternel ! Cette patience, cette résignation de la femme-mère, avaient été déjà signalées par Socrate : « La femme, dit-il, porte avec angoisse » et au péril de ses jours le fruit de sa grossesse. » Après l'avoir enfanté avec douleur, elle en » prend soin. Elle le nourrit de son lait. Jamais » ni de jour, ni de nuit, elle ne se lasse de s'en » occuper. »

En d'autres mots, la femme chrétienne sacrifie sa vie aux devoirs de la maternité.

Ce que je viens de dire de la mère peut également s'appliquer à l'épouse, à la jeune fille ou à la sœur de charité. Car chacune d'elles voue sa vie à son mari, à son père, à ses frères ou à ses semblables souffrants. Et, quant à la sœur de charité, en particulier, quel dévouement fut jamais comparable au sien ? Que ne fait-elle pas pour les malades confiés à ses soins ? Quels dégoûts, quels périls ne brave-t-elle pas ? Quelles privations ne s'impose-t-elle point? Que de sacrifices n'accepte-t-elle pas pour l'amour de Dieu ? Dans toutes ces conditions, la femme se montre supérieure à l'homme. — Rien de plus naturel.

Il ne faut pas nous le dissimuler : tout le prestige, l'ascendant, l'autorité, le pouvoir de la femme chrétienne réside dans ces perfections, dans ces beautés d'ordre surnaturel. Ce trésor, ce talisman divin que beaucoup de femmes ignorent, faute d'instruction religieuse, a reçu l'éloge de la vierge Marie, quand, dans les ravissements de sa reconnaissance envers le Tout-Puissant, elle s'écrie : « *Quia respexit* » *humilitatem ancillæ suæ, ecce enim, ex hoc* » *beatam me dicent omnes generationes.* »

C'est cette même considération qui autorisait un digne ecclésiastique à répondre, dans des circonstances tout opposées, à de jeunes femmes qui se plaignaient d'être délaissées : « N'accusez

» que vous-mêmes de l'abandon dont vous vous » plaignez ».

Ce prêtre avait raison. Car, où trouverons-nous, dans l'espèce humaine, un développement plus marqué des facultés sublimes de toute morale : foi, espérance, charité, conscience, que chez la femme chrétienne ? Et, quel enfant, en général, montre plus d'inclination pour le culte de Dieu que la jeune fille ? Qui donc, plus qu'elle, semble fait pour vivre de la vie de la morale évangélique ? Et n'est-ce pas à toutes ces considérations réunies, inhérentes à son sexe, que la femme doit ses hautes qualités : le tact, le jugement, la réflexion, la prudence, qui en font un guide sûr pour la famille ?

Mais serait-ce à dire, par là, que les femmes, en général, émancipées par le christianisme depuis dix-huit siècles, ne jouissaient pas, avant la venue du Sauveur, d'aucune de ces grandes qualités qui les distinguent ? Le penser serait une grave erreur. — Dès la plus haute antiquité, nous voyons paraître, dans l'histoire de l'humanité, des femmes éminemment supérieures : Esther, Sémiramis, Judith, Véturie, Volumnie, Cornélie, ne sont que les fleurs les plus populaires d'un immense parterre. L'histoire ancienne en est parsemée : Aspasie, femme de Périclès, Plotine, femme de Trajan, Emilie, femme de Scipion, Débora, juge pendant quarante ans du peuple d'Israël, Camille, reine des Volsques, Zénobie, reine de Palmyre, Nicaule, reine de Saba, et tant d'autres femmes célèbres, qui ont illustré l'antiquité, sont aussi connues par leur savoir et leur prudence que par leur courage. C'est pourquoi, parmi les peuples anciens, elles étaient tenues en grande vénération, malgré que la calomnie ne les ait pas toutes également respectées.

Lycurgue à Sparte, Platon à Athènes, voulaient que les femmes, comme les hommes, fussent habituées à tous les exercices du corps : à lutter, à tirer de l'arc, à se servir de la fronde, à combattre soit à pied, soit à cheval, à disposer un camp, à ranger une armée en bataille, à la conduire, etc.

D'après Henri-Corneille Agrippa de Nettesheim, médecin philosophe de Cologne, qui publia, en 1529, son traité : *De Nobilitate et Præcellentia feminei sexus*, les femmes de la Gétulie, de la Bactriane, de la Galice cultivaient la terre, bâtissaient les maisons, vaquaient aux affaires domestiques, faisaient la guerre, s'occupaient de tous les soins qui sont du domaine des hommes, pendant que ceux-ci croupissaient dans la mollesse et l'oisiveté.

Parmi les Scythes, les Thraces et les Gaulois les femmes s'occupaient, conjointement aux hommes, de toutes les affaires publiques. Elles traitaient de la guerre et de la paix. Elles avaient voix délibérative dans les jugements comme dans les assemblées populaires. Le traité des Celtes avec Annibal en est une preuve évidente.

Les Romains professaient le plus grand respect pour les femmes. Le régime de la communauté des biens présidait aux unions conjugales. Le sénat décerna, à plusieurs reprises, aux dames romaines, les marques de la plus grande distinction. Il ordonna de leur céder toujours la première place, dans le foyer domestique, et le côté le plus distingué dans les rues. Le sénat leur permit, en outre, de porter des robes de pourpre, à franges d'argent, de s'orner de diamants, de colliers, de bracelets, etc.

Aristote considère la vertu de la compassion et de la miséricorde comme un don propre aux femmes. Et Salomon a dit, à ce sujet, que : » là où il n'y pas de femmes, les malades man- » quent de soins. »

Avant de terminer ce paragraphe sur *la supériorité de la femme chrétienne*, considérée au point de vue de l'humanité, je ne puis pas m'empêcher de rappeler le passage d'Agrippa sur *l'Etat social de la femme de son temps.*

« La tyrannie et l'ambition, dit ce philosophe, » ont pris le dessus contre l'ordre du Créateur et » les institutions de la nature. La liberté accordée » aux femmes, leur a été ôtée. L'usage s'y est » opposé, et la manière dont on élève les fem- » mes est propre à les priver de cette préroga- » tive naturelle. En effet, à peine une fille » est-elle née, on la tient enfermée à la maison. » A mesure qu'elle grandit, rien de solide, ni » de sérieux ne l'occupe. Et, comme si elle était » frappée d'incapacité, elle est condamnée à » l'occupation du fil et de l'aiguille.

» A-t-elle atteint l'âge de puberté, vite on la » met sous la dure domination d'un mari, ou » bien on l'enferme dans un couvent. Les lois » l'éloignent de toutes les charges publiques....

» On interdit la prédication aux femmes, » quoique l'Ecriture-Sainte dise, dans Joël : » *Vos filles prophétiseront*, et que du temps des » apôtres elles enseignassent publiquement..... » — Mais les derniers législateurs ont bien » différé des premiers. Ils ont regardé la femme » comme de beaucoup inférieure à l'homme..... »

Rien d'étonnant en cela. — Dès le commencement, l'orgueil nous a perdus ; il nous a soufflé l'esprit de la domination, et nos mères en ont été les premières victimes.... Après nous avoir inspiré l'ambition d'égaler les dieux, l'orgueil nous a fait descendre, par une pente naturelle, jusqu'à chercher à ambitionner la généalogie des bêtes, et, parmi elles, nous avons choisi un singe pour aïeul !....

Mais ce qu'il y a de plus déplorable en tout ceci, c'est que cette gangrène morale fait, parmi nous, des ravages effrayants !

L'éducation à la mode tend de plus en plus à faire de l'homme et de la femme comme deux êtres étrangers et indifférents l'un à l'autre par leurs mœurs, leurs goûts, leurs études, leurs habitudes, leurs croyances et leurs caractères.

Grâce au système actuel d'instruction publique et d'éducation privée, grâce aussi au régime dotal, je ne vois guère plus les liens qui peuvent cimenter encore, sanctifier et perpétuer les nœuds indissolubles du mariage et faire de la famille humaine une seule famille.

IV.

Considérée au point de vue social, la femme chrétienne est également supérieure à l'homme du siècle, par l'influence qu'elle exerce sur la vérité ou l'erreur, le vice ou la vertu, les mœurs publiques ou privées, la grandeur ou la décadence des nations. En effet, l'immoralité et le luxe, l'égoïsme et le scepticisme, la négation et l'indifférence, avec tous les autres maux qui nous dévorent et nous tuent, sont la conséquence fatale de l'état anormal et d'abjection dans lequel nous tenons et nous élevons les femmes.

Afin de démontrer l'accablante vérité de cette dernière proposition, je n'ai que l'embarras du choix. La nature entière plaide en sa faveur. Cependant, je le reconnais : pour faire pénétrer dans l'esprit de mes semblables, l'importance sociale de la femme chrétienne, il me faudrait le talent de St-Paul, la plume de St-Augustin, et la voix puissante des trompettes du jugement dernier.

L'origine de la plupart des peuples de l'antiquité se perd dans la nuit du passé. Il n'en est pas ainsi de l'histoire de leur prospérité, de leur grandeur ou de l'apogée de leur puissance à travers les âges. Parmi ces peuples, nous distinguons : les Péruviens, les Mexicains, les Egyptiens, les Mèdes, les Perses, les Babyloniens, les Ninivites, les Tyriens, les Carthaginois, les Grecs et les Romains. Et, en présence de leur histoire, nous nous demandons pourquoi tant de peuples divers, tant de nations formidables ont disparu de la scène du monde ?

La réponse à cette question est facile. — Guidés par l'observation quotidienne nous savons, à ne pas en douter, que toutes les tribus de la grande famille humaine se sont établies, d'abord, sur la base inébranlable de la morale, et qu'elles ont grandi, ensuite, à l'ombre des institutions religieuses. Il ne saurait en être différemment. C'est la conséquence de la nature des choses. Nous savons, également, par l'étude des faits, que la pureté des mœurs était le fondement de ces institutions. — Nous voyons que des vierges choisies étaient chargées, partout, du culte sacré de la morale : culte du soleil, au Pérou; d'Isis, en Egypte; de Mylitta, à Babylone; de Vénus, de Cérès, de Diane, en Grèce; de Vesta, à Rome, etc. etc.

Nous ne connaissons, il est vrai, de ces différents cultes, que leur corruption ; mais nous pouvons juger de l'origine des uns par l'analogie des autres ; les plus lointains, par les plus rapprochés. Or, nous connaissons, parfaitement, quel était le but des Vestales, instituées par Numa, dans Rome naissante.

L'histoire nous apprend l'action bienfaisante que ces vierges exercèrent sur les premiers Romains et l'influence heureuse du culte de la morale sur les destinées de ce vaste empire.

Nous savons aussi quel fut le sort réservé à Rome asservie, lorsque ce culte fut aboli, que les temples furent profanés et que les Vestales, elles-mêmes, furent prostituées. Nous pouvons déduire de ce fait ce qui dut se passer chez les peuples antérieurs et dont la chute fut, de tout point, semblable à celle de Rome : les gouvernements furent corrompus ; les jeunes gens s'abandonnèrent à une molle oisiveté ; les vieux devinrent efféminés ; chaque sexe et chaque âge fut livré en proie aux mauvaises mœurs...., *à l'abomination de la désolation.*

Il ne faudrait donc pas s'y tromper. — En voyant la prostitution des vierges sacrées, à Babylone, quelques personnes pourraient être induites en erreur. Elles pourraient croire que c'était là le but et l'origine de cette institution religieuse. — Ce serait l'opposé de la vérité. Juger si légèrement du passé serait une grave et pernicieuse erreur.

Le culte sacré de la morale fut, au contraire, la base fondamentale de toutes les sociétés humaines, base sans laquelle aucun Etat ne peut exister. Rien n'est plus propre à développer, à maintenir intacte la pratique de la morale, comme les honneurs religieux décernés à la chasteté et les prérogatives attachées à la pureté de mœurs. C'est pourquoi, parmi les peuples de l'antiquité, nous trouvons que les peines les plus sévères avaient été édictées contre les prévaricateurs en cette matière.....

Parmi les institutions de ce genre, nous trouvons celles du peuple hébreu, empruntées, en partie, à la civilisation égyptienne, dont les origines remontent aux temps antédiluviens. C'est du moins, là, l'opinion de D.-M.-J. Henry et de la plupart de ceux qui se sont occupés de l'histoire de l'Egypte ancienne. Il a dû en être toujours ainsi, en effet ; car, comme le fait remarquer M. E. Caro, de l'Institut : « On ne » peut déposséder longtemps l'homme de lui- » même. »

Le Décalogue, cette constitution divine du genre humain, commande expressément aux hommes de respecter, d'honorer la femme dans la personne de leurs mères, dans la compagne ou la servante d'autrui. Les lois d'Israël commandaient aux femmes la chasteté. Dans les livres sacrés du peuple élu, nous trouvons que : « Dieu avait défendu à Moïse de permettre » aux enfants d'Israël, d'épouser les filles des » Amorrhéens, ni des Cananéens, ni des Ethiens, » ni des Phérésiens, ni des Héviens, ni des » Jébusiens, ni aucune de celles des peuples » dont les filles se prostituent après leurs » dieux.... »

En dehors de l'hébreu, aucune langue humaine ne possède cet éloge de la « femme forte » : « Qui trouvera une femme vertueuse ? car son » prix dépasse de beaucoup celui des perles !.... »

Une ancienne tradition faisait croire, en outre, aux enfants d'Israël, que le Sauveur du monde naitrait de leur nation et qu'il germerait dans le sein d'une vierge.

Ce grand événement avait été annoncé au monde par Isaïe, huit siècles avant l'ère chrétienne. Ce saint d'Israël termine ainsi sa véridique prédiction : « Les iles ont vu et ont été » saisies de crainte ; les bouts de la terre ont » été effrayés ; ils se sont approchés et sont » venus. Chacun a aidé son prochain et a dit à » son frère : *fortifie-toi....* », c'est-à-dire : puise ta force dans la pratique de toutes les vertus chrétiennes.

Et s'il pouvait nous être permis d'invoquer, ici, le témoignage du Sauveur lui-même, nous n'aurions qu'à citer sa parole et à invoquer l'exemple de toute sa vie. Dans notre humilité, nous nous bornerons à rappeler que le Sauveur considère la chasteté et la pureté de mœurs, comme la base de toutes les vertus, comme un don de Dieu, avant-coureur des béatitudes célestes, et le plus solide fondement de la vie des peuples sur la terre.

La science humaine est, en ceci, parfaitement d'accord avec la doctrine de notre divin Rédempteur. — Elle considère l'impureté comme le plus avilissant et le plus meurtrier de tous les fléaux. Dépositaire, donc, du culte de la morale, dès la plus haute antiquité, la femme chrétienne reste, même sous ce rapport, et au point de vue social, supérieure à l'homme.

Cette vérité résulte de la tradition historique,

de la nature humaine, de la révélation et des lois divines. — La méconnaître, c'est se suicider.

A ceux qui douteraient, encore, de l'influence heureuse de la femme chrétienne, sur les sociétés, par le culte divin de la morale ; à ceux qui méconnaîtraient l'importance suprême de la pureté des mœurs, sur la santé et le bonheur intime, — qui en sont comme une récompense anticipée, dès ce bas monde, — je les engagerais à mieux étudier leurs véritables intérêts. Je ne me bornerais pas, dans ce but, à les engager à mieux observer, par eux-mêmes, à consulter sur ce point : Massillon, Bourdaloue, Bossuet, Fénélon, le P. Félix, l'abbé Bautain, etc., etc. ; je leur conseillerais, aussi, de lire : Cicéron, Juvénal, Montesquieu, Cornaro, Alibert, Ricord, Nicolas, et tous les observateurs doués de sens commun.

Ils acquerront, alors, la conviction que : sans morale, il ne peut pas exister de religion ; et que, sans religion, il ne peut pas y avoir de paix, de société, de bonheur possibles nulle part ! La femme en est la base essentielle ici-bas. — Et Marie, la plus pure des vierges et la plus tendre des mères, suffirait seule, au besoin, pour démontrer cette grande vérité. — L'église catholique, d'ailleurs, a distingué, dès le début, les femmes chrétiennes du sexe fort en les désignant sous le nom de sexe saint ou de sexe religieux. Marie peut édifier les enfants d'Eve à ce sujet. Elle peut leur prouver l'intérêt pressant qu'ils ont de rendre à la femme, sous ce rapport, le rang qui lui appartient dans toute société civilisée, comme la moitié la plus importante du genre humain.

Considérée, donc, au point de vue de la création et de la nature de ses fonctions dans le monde ; considérée au point de vue chrétien et de son enseignement moral, en faveur des enfants ; considérée au point de vue humain et de son action sur la marche des peuples ; considérée au point de vue social et de la grandeur ou de la décadence des nations, la femme chrétienne conserve toujours sa supériorité. Nous pouvons conclure, en conséquence, que méconnaître son importance, à tous ces points de vue réunis, serait travailler à l'abrutissement, à la ruine de l'espèce humaine..... « et la terre vomirait ses habitants ? » — Elle les prendrait en horreur ; elle les rejetterait de son sein parce qu'ils l'auraient souillée en violant ainsi les lois du Créateur.

Méconnaître, enfin, la parité de devoirs et de droits des deux sexes, dans la famille, comme dans la société, c'est le maintien du crime à la surface de la terre..... Et le premier de tous les crimes, c'est l'indifférence avec laquelle nous élevons nos enfants, au point de vue de la morale chrétienne et de l'instruction religieuse : crime de lèse-humanité ; crime contre nature, contre Dieu et contre nous-mêmes ; car *la grande charte de l'humanité, c'est la loi de Dieu.*

CHAPITRE II.

« L'avenir repose, essentiellement,
» sur l'instruction religieuse de la
» femme. »

I.

Ces prémisses posées, il en résulte, naturellement, que les pères de famille, les ministres de la morale évangélique, les corps enseignants et les chefs des Etats sont bien coupables et hautement responsables, toutes les fois qu'ils négligent l'éducation religieuse de la femme. Cette éducation constitue, en effet, la base essentielle de tout lien social universel et durable. S'opposer donc au développement moral, à la culture intellectuelle de la femme, c'est s'insurger contre Dieu, c'est travailler à substituer la loi du communisme à la constitution du Décalogue.

Le baron Thénard, une de nos illustrations contemporaines, dans ses leçons à la Sorbonne, sur les métaux, avait l'habitude de dire que la « manière de forger le fer pouvait servir de » mesure pour juger de l'état des progrès d'une » nation ». — Ce savant affirmait que « plus » l'art de forger le fer avait progressé et plus » aussi la civilisation était avancée. »

Je me garderai bien de contredire un tel axiome avancé par un homme de ce mérite ; car cet axiome est fondé sur la science d'observation, sur les faits journaliers et sur l'histoire du passé. Mais je me permettrai de faire observer qu'il y a un signe bien plus sûr, une méthode bien plus certaine pour arriver à connaître et à juger du degré de civilisation des peuples. Ce signe consiste dans la condition sociale, dans l'état domestique. dans l'instruction religieuse et dans l'éducation chrétienne de la femme. Afin de juger de la valeur de cette pierre de touche, de ce thermomètre, de cette mesure de tout progrès moral, intellectuel et humanitaire, il n'y a qu'à jeter un coup d'œil sur la civilisation relative des divers Etats Européens, Américains, Asiatiques, Africains et Australiens.

Cette équation posée, nous examinerons d'abord la vaste région de l'Orient, l'empire de Constantinople, par exemple, ce nouveau Benjamin des potentats modernes de la civilisation. Hélas ! malgré toute notre sympathie envers les enfants égarés de cette contrée, rangés sous l'étendard du Croissant, nous ne parviendrons pas à sauver l'empire des Osmanlis de sa fin prochaine. Ce puissant empire porte en lui, en effet, un germe de mort.

Ce germe vénimeux et destructeur gît, précisément, dans les conditions sociales, — contre nature — dans l'état domestique de la femme, en Orient, dans l'abaissement progressif de sa culture intellectuelle et morale. Quelque riche, quelque prospère que soit un Etat, il ne peut pas baser, longtemps, sa doctrine religieuse et civile sur la satisfaction des sens, en ce monde, et sur le paradis des « houris » dans l'autre.

La beauté physique est, sans nul doute, un des caractères harmonieux de la création, comme le *beau*, proprement dit, est un des attributs de Dieu ; mais ce *beau idéal* que nous concevons tous, tient principalement à notre vie morale et intellectuelle. La matière et les sens qui en dérivent ne constituent, donc, que des beautés relatives et plus que secondaires. Il faut être même d'une simplicité merveilleuse et d'une ignorance presque colossale pour confondre, ici, le vrai avec le faux, l'ombre avec la réalité, et pour fonder, en un mot, le bonheur général ou individuel sur les illusions des sens.

Mais, tout en acceptant l'Orient tel que Dieu l'avait créé, et tel que le Coran l'a fait depuis ; malgré toutes nos sympathies pour les Musulmans, ces implacables ennemis du nom chrétien, nous devons nous défier d'une civilisation frappée de mort morale, précisément à cause de la condition de la femme.

La femme, en effet, y est vendue et achetée comme une bête de somme ; elle y est exclusivement évaluée, par les marchands d'esclaves, à cause de sa beauté matérielle ; beauté qui se dissipe et passe comme les vapeurs du matin ; beauté physique sans la moindre compensation, parce que la beauté morale se rencontre rarement chez les esclaves, dont la culture morale et intellectuelle a été complétement négligée. Je ne parle pas, à cette occasion, de la polygamie légale des orientaux et qui en est comme la conséquence forcée. Je ne parle pas davantage du luxe des *Harems* et du *Sérail*, où les femmes sont parquées ensemble, comme de vils troupeaux ; mais j'en conclus que cet état avilissant de l'espèce humaine, dans le grand Empire, est suffisant pour y arrêter tout progrès, et pour frapper de mort l'Islamisme tout entier.

Considérez, effectivement, studieux lecteur, l'état de l'industrie, du commerce, de l'agriculture, des sciences, des lettres et des arts, en Orient, et vous acquerrez la conviction que la doctrine du Coran porte avec elle un germe de mort. Cependant, si dans cet état de choses, aussi funeste que déplorable, il pouvait y avoir, pour nous, des motifs plus étranges encore de surprise, le principal d'entre eux, nous le trouverions, évidemment, dans la protection paternelle accordée, par les souverains de l'Europe, à l'empire d'Osman, malgré tous les ferments de dissolution qu'il porte dans ses entrailles ! Un autre motif de surprise, non moins grand que le premier, c'est de voir nos gouvernements chrétiens, si fortement épris de charité en faveur des esclaves abrutis de la Nigritie, tolérer, avec autant d'indifférence, l'esclavage de la plus intéressante moitié du genre humain, malgré sa peau blanche et délicate, pour le bon plaisir de nos amis de la Turquie.

Ce que nous venons de dire de la Turquie d'Europe, s'applique également aux nombreuses populations de l'Asie, de l'Afrique et de la Polynésie qui vivent sous la loi religieuse d'Islam. Cette sympathie que nous professons, aujourd'hui, envers les violateurs de la loi naturelle, envers les contempteurs de la morale chrétienne, et en faveur du maintien scandaleux du servage des femmes, prouve assez combien nous sommes asservis, nous-mêmes, par l'esprit d'orgueil et de domination qui dégrade et avilit notre sexe. Cette vérité contemporaine démontre, en outre, par quel enchainement fatal nous devenons les artisans volontaires de tous les maux qui fondent sur nous, en privant les femmes de l'éducation de famille, de l'instruction religieuse, des connaissances littéraires et scientifiques indispensables à leur condition de filles, d'épouses et de mères.

Je ne rechercherai pas, à ce propos, d'où peuvent provenir nos sympathies politiques pour les Musulmans, mais je crois que l'exemple d'un pareil système, religieux et social, est fort pernicieux pour nous. A ce point de vue, la Turquie d'Europe constitue un cancer moral à nos portes. — C'est un bien triste voisinage! Non, que j'estime les sociétés de l'Occident à l'abri de tout reproche, à cet égard. En effet, si nous n'avons pas la polygamie du sérail et des harems, nous avons les maisons de tolérance et le libertinage patenté. Si nous n'avons pas la bigamie légale ou la faculté d'épouser jusqu'à quatre femmes de *races diverses*, à la fois, nous avons le concubinage anti-chrétien, ou le communisme à la mode. Si nous n'avons pas, enfin, l'esprit détraqué dans l'attente des *houris* du paradis de Mahomet, nous avons les nudités de nos ballets d'opéra, les bals des grands théâtres, les *cancans* dansés, en plein jour, dans les chaumières de nos grandes villes, où vont s'engloutir la santé et la fortune des enfants de famille.

Nous avons, aussi, nos maisons de jeu et d'autres maisons semblables où une partie de la jeunesse laïque parachève ses études universitaires et son éducation morale, en ruinant la famille dans le présent, et en préparant le malheur de la patrie, dans l'avenir....... — C'est au point que nous avons mérité, nous-mêmes, et que nous nous sommes appropriés le reproche que nous adressions, autrefois, aux Musulmans : « *Siete Turchi ! — Non vi credo. — Mille donne,* » *intorno avete : le comprate, le vendete,* etc....»

A la vérité, un tel dévergondage, une telle débauche, ne pouvaient appartenir qu'à l'espèce humaine. Dans l'état de *nature*, et conformément à ce code des lois divines, tous les animaux, sans exception, suivent les lois de la monogamie. Il était réservé à la liberté, accordée à l'homme, d'altérer ainsi l'ordre naturel, dans ce qui nous touche de si près, dans la partie la plus intime de nous-mêmes ! Aussi, sommes-nous, de mille façons, punis de notre témérité : par les maladies, les souffrances, l'hébétude, la scrofule, le rachitisme, la dégénérescence de l'espèce, etc. Et qui oserait s'en plaindre ? N'est-ce-pas, plutôt, le cas de dire avec notre divin Sauveur : « *Recœpisti mercedem tuam ?* »

Mais, quels que soient les auteurs de tant de maux, ceux-là sont principalement coupables qui négligent l'éducation morale de la femme et qui travaillent de la sorte à démolir l'œuvre du Créateur. Sur ce thème brulant, je sens le besoin de m'arrêter. Pour porter, d'ailleurs, le scalpel dans l'intérieur d'une plaie aussi hideuse que repoussante, aussi profonde que délétère, qui ronge le cœur humain, il faut une main autrement habile, il faut un plus puissant scalpel à dissections....., il faut l'intervention des Cieux en faveur de la terre. C'est bien pour avoir renié Dieu que, depuis 1793, nous parcourons un long cycle révolutionnaire en proie à tous les désordres. — Nous expions ce crime de *lèse-humanité*, par le fer, l'eau et le feu, et comme il y a 83 ans, la terre frappée de stupeur, travaillée par toute sorte de calamités et de fléaux, vomit encore ses habitants.

II.

Nous sommes, donc, tous également coupables, de ce chef, en permettant que des journalistes peu orthodoxes, que des feuilletonistes sceptiques et des romanciers athées deviennent les éducateurs, à la mode, de nos filles, de nos femmes et des mères de nos enfants.

Il n'y a plus, en effet, de salon de conversation, de cabinet de lecture ou de travail, de cercle littéraire et d'étude, de boutique d'épicier, de loge de concierge et d'autres lieux analogues, qui ne soient pourvus de journaux, de feuilletons et de romans. C'est à peu près, hélas ! toute la lecture et toute la littérature du jour. C'est la mort de l'intelligence, c'est l'assoupissement du cœur ; c'est la nourriture de l'esclave ; c'est l'opium de l'Indien. Cette littérature tue le goût en reflétant, comme une glace fidèle, toutes les passions ardentes, tous les vices honteux qui nous divisent, nous démoralisent, nous avilissent et qui nous font descendre vivants dans la fange des sépulcres, au-dessous de l'animalité.

C'est dans ce fatras d'erreurs et de mensonges, que les jeunes femmes, en général, puisent une partie des chimères qu'elles apportent en dot à leurs fiancés, et que ces derniers apprennent, à leur tour, « à préférer la cassette » d'Harpagon aux yeux bleus de leurs tendres » moitiés... » — C'est dans ces lectures quotidiennes que s'achève *l'éducation laïque* de la jeunesse des deux sexes, dont le cœur, desséché par ce contact, devient tellement aride, qu'il est matériellement impossible qu'il puisse plus cimenter des nœuds durables par la bénédiction nuptiale. Aussi, arrive-t-il que le saint lien du mariage, ce fondement de toute société civile, tombe tous les jours, et de plus en plus, en désuétude. — C'est, enfin, dans ce genre de littérature que la jeunesse puise ces poisons subtils, destinés à tuer l'âme et le cœur, à dissoudre la famille et à empoisonner le corps social.

« Le roman, écrivait, en effet, M. A. Petetin,

» en 1840, est, à présent, presque toute notre » littérature. Il absorbe l'histoire et la philoso- » phie. Les plumes les plus puissantes de ce » siècle n'ont pas dédaigné cette forme du » drame, la seule qui convienne à une société » divisée à l'infini.....

» Quand on songe à l'espèce de morale qui » s'y développe, quand on réfléchit que ce sont » justement les femmes et les jeunes gens qui » se nourrissent de cet aliment, on n'a que » trop raison de s'inquiéter de l'avenir...... »

En faisant cette citation, je ne prétends pas que tous mes semblables, sans exception, soient tenus, malgré eux, de se sanctifier, par des exercices de piété. Je n'exige pas qu'ils remplissent tous, également, leurs devoirs de parfaits chrétiens, envers Dieu, envers le prochain et envers eux-mêmes. Mais, ce que je puis logiquement demander, c'est que toutes les femmes, en général, et tous les hommes, en particulier, apprennent de bonne heure la science religieuse, la science des devoirs que le Sauveur appelait : « le royaume de Dieu ». — Cette science éternelle est la clef de toutes les sciences humaines et le dépôt inépuisable de tous les biens. C'est cette vérité divine que le Rédempteur formulait en disant : « Cherchez,

» d'abord, le royaume de Dieu et tout le reste » vous sera donné par surcroît. »

Cette vérité, ainsi formulée par le Christ, renferme la loi générale qui préside aux destinées du genre humain, sur la terre. Ma demande est fondée, d'ailleurs, sur la justice, sur l'équité, sur l'intérêt commun. — Car, comment prétendre que celui qui ignore la religion puisse la respecter ? Comment admettre que celle qui ignore les devoirs puisse les remplir ? Et dans cette ignorance commune, comment pourraient-ils être condamnés ? Notre divin Sauveur s'est déjà prononcé, à cet égard : « *Pater, ignosce illis » quia nesciunt quid faciunt.* »

C'est, cependant, la maxime contraire que nous suivons aujourd'hui. — L'école moderne des romanciers fausse l'esprit, annulle le jugement, sans admettre *l'irresponsabilité* de l'ignorance. Cette école d'erreur livre la femme sans défense, et telle que la société l'a faite, à la honte et au déshonneur. Elle la condamne, ensuite, en se gardant bien, cependant, de lui accorder un complice, dans son coupable séducteur, attendu que le législateur interdit : « la recherche de la paternité. » Moyennant cette ignorance, dont elles sont une des premières sources, les *universités laïques* parquent les sociétés civilisées en deux classes distinctes : la bonne et la mauvaise ; l'une gardant l'autre, et toutes deux en état d'antagonisme perpétuel.

C'est pourquoi, l'abbé Filassier conseille que tous les enfants d'Adam soient également instruits, sur la morale évangélique et sur les vérités religieuses.

« L'étude de la religion, dit-il, exige plus
» d'étendue qu'on ne pense. Cette étude ne doit
» pas se borner aux traités élémentaires..... Elle
» ne doit pas se limiter à quelques années de la
» vie ; au catéchisme, à l'enfance...... Il n'y a
» point d'âge, où l'homme soit dispensé de se
» livrer à cette étude, parce qu'il n'y a pas d'âge
» dans lequel il soit dispensé d'être vertueux...»

Aussi, je ne connais pas d'erreur plus funeste à l'humanité que celle qui nous porte à tenir la femme dans un état d'ignoble vasselage intellectuel sous ce rapport. En abaissant, de gaîté de cœur, le niveau moral de la femme, par la plus blâmable éducation, nous forgeons nous-mêmes notre propre malheur, nous sacrifions sottement, dans le court et amer trajet de la vie, notre unique soutien. Et d'ailleurs, nous ne savons guère ce que nous faisons, en agissant de la sorte. Car la femme, sur laquelle notre orgueil veut dominer quand même, faute d'autre

matière *corvéable et taillable à merci*, s'émancipe d'elle-même, sans notre consentement, et peut-être en sens inverse de sa nature et de ses intérêts. Elle ne s'émancipe pas, par la lecture des textes sacrés, mais en s'abreuvant à la source impure de la littérature moderne, — « Littéra-
» ture qui, selon Broussais, fausse le jugement
» et éteint tous les plus nobles sentiments..... »

« *In verità*, — dit, à ce propos, notre digne
» compatriote, Sauveur Viale, *par che questa nuo-*
» *va letteratura voglia rappresentarci, nella uma-*
» *na famiglia, il regno del disordine, il mondo alla*
» *rovescia : certo, perchè ella durasse, bisognerebbe*
» *che l'uomo divenisse necessariamente scellerato e*
» *ateista ; bisognerebbe, poi, che la tirannide e*
» *l'umana nequizia inventassero, a pro dei gazet-*
» *tieri e dei romanzieri, supplizj e scelleraggini di*
» *nuova specie.* »

Afin d'élever le niveau moral et intellectuel de la femme, ce n'est donc pas cette littérature asphyxiante qu'il faut lui offrir. Il lui faut une lecture plus saine. L'histoire, les sciences et les belles-lettres se chargeront de lui fournir cet aliment réconfortant. Les classiques grecs, latins et français, dans tous les genres, ne manquent point, à cet effet. — Mais, je l'avoue, de toutes les lectures que j'ai faites, les plus agréables et les plus utiles ont été celles relatives à la doctrine de l'Evangile, à l'histoire du christianisme qui est notre histoire. Cette histoire de dix-huit siècles renferme notre généalogie morale, intellectuelle et humanitaire, notre histoire de famille, notre vraie noblesse, notre filiation chrétienne *d'enfants de cette Lumière.... moyennant laquelle Dieu a choisi les faibles, selon le monde, pour confondre les puissants.* (St-Paul).

III.

Nous sommes, enfin, doublement coupables d'élever nos filles dans l'ignorance des vérités religieuses et de les exposer ainsi, volontairement, à être le jouet de toutes les erreurs, la source intarissable de tous les maux, de tous les fléaux qui affligent l'espèce humaine. Notre responsabilité est d'autant plus grande qu'en agissant de la sorte, nous avons perverti l'ordre des lois naturelles.

Après avoir créé la femme, comme le couronnement de ses ouvrages, Dieu trouva, en effet, qu'elle était accomplie. Il ne pouvait en être différemment. Eve, notre première mère, la grande aïeule de Marie, pouvait-elle, en sortant des mains de Dieu, être autre chose qu'un pur rayon des bontés divines, que l'épanouissement des dons célestes, avant le péché d'orgueil ? Et le nom d'Eve, lui-même, que Dieu lui imposa à dessein, ne signifie-t-il pas *vie*? — La vie spirituelle, la vie chétienne dont elle était la première empreinte? Vie, trois fois sainte, dont la Vierge Marie devait être le radieux reflet, et son divin Fils, l'accomplissement et la réalité.

Chaque être créé, grand ou petit, a été, effectivement, mis ici-bas à son rang particulier. Chacun d'eux a été placé, par le Créateur, à sa station propre. Chaque individu, en raison de son importance, a reçu une mission distincte. Nulle mission n'est supérieure à celle de la femme chrétienne en ce monde. Pourquoi la femme ne la remplirait-elle pas? Qui l'en empêcherait?

La modeste violette embaume de son haleine la solitude des bois ; l'humble fraisier enrichit le printemps de ses fruits parfumés ; l'oranger se couvre, à son tour, de fleurs virginales et de pommes dorées. Pendant les ardeurs de l'été, la vigne mûrit ses grappes, portant dans leur sein le nectar des dieux. D'un autre côté, l'industrieuse araignée tisse son insidieuse toile ; le ver-à-soie bâtit sa splendide prison ; l'abeille, butinant de fleur en fleur, distille le miel de mille plantes diverses. — Le cheval sauvage est le roi des coursiers ; l'aigle altier représente un des géants de l'air ; la baleine, un des colosses des mers ; mais la femme seule, dans sa faiblesse, enfante l'homme destiné à peupler les régions des cieux ! — La première, entre toutes les créatures, elle parle à l'homme de Dieu, lui en enseigne les commandements et lui en montre la voie ! Qui donc aurait pu faire descendre la femme d'un si haut rang? Qui aurait pu la frustrer d'une si noble mission ? — C'est aux hommes à répondre ! — Contrairement aux lois du Créateur, nous avons méconnu l'autorité maternelle de la femme. Nous avons perdu le respect. Nous n'avons pas honoré Dieu, dans la personne de nos mères. — Nous sommes cruellement punis de notre impiété.

La femme, cependant, s'est abaissée à nos caprices. Afin de maintenir la paix dans la famille, elle a respecté la loi injuste du plus fort, que nous lui avons imposée ; elle s'est soumise à notre vanité. Elle a épousé ainsi, peu à peu, tous nos défauts ; l'amour du luxe, des parures, des vaines distinctions ; le culte de l'oisiveté, l'ambition de plaire aux hommes au risque de déplaire à Dieu. Aussi, j'en conviens, le sexe faible, poussé par le désir de plaire, n'a pas dédaigné l'artifice de la toilette. Cet attrait, à la vérité, n'est pas dépourvu de poésie. Et l'amour d'une robe dressée avec art, est chose naturelle aux femmes. La façon dont une femme à la mode s'habille, trahit rarement son caractère ou ses sentiments intimes. Mais, en général, une femme chrétienne s'habille avec simplicité et d'une façon modeste. Elle sait que la beauté morale commande l'estime, impose le respect et domine les cœurs bien nés. Elle n'a pas besoin de relever sa valeur personnelle par le prix excessif d'une robe ou par l'agencement d'une chevelure d'emprunt, rehaussée par des brillants.

Cependant, la simplicité n'exclut pas l'élégance. La modestie n'est pas l'ennemie du bon goût. Mais il y a loin du bon goût à un luxe ruineux, de l'amour de la toilette à l'esprit de dissipation. « Une femme rangée est la fortune » d'une famille, comme la femme dissipée en est » la ruine. » Dans l'incertitude où nous sommes de bien choisir, la crainte de Dieu peut toujours nous éclairer, au milieu du triste et obscur labyrinthe de la vie.

En fait de modes et de toilettes, la première règle à suivre consiste à se conformer aux lois de la décence et à celles de l'hygiène. — Ces lois sont toujours d'accord entre elles. Les *chignons*, les *tournures*, les *corsets*, par exemple, ne sont pas plus irréprochables, sous ce rapport, que les *paniers*, les *gigots* et les *crinolines*. C'est ainsi que, pour suivre les modes, beaucoup de femmes sacrifient leur santé. Car *mode* et *santé* sont en opposition constante. La mode spécule toujours sur la bourse de ses clients au détriment de leur vie ! En établissant les lois éternelles de l'hygiène, Dieu ne pouvait donc pas s'arrêter devant les exigences quotidiennes de la mode.

Malheureusement, la mode exerce un grand empire dans le monde, non-seulement sur la façon d'ajuster une robe, mais aussi sur l'éducation et l'instruction de la jeunesse. La mode domine, également, en faveur du *grec* et du *latin* anciens, au détriment des langues vivantes, de l'instruction religieuse, de l'étude des devoirs et des lois ordinaires de la vie. — Voilà pour la mode, en général, cet autre tyran que nous avons imposé aux femmes.

Il est également de mode que la petite fille, dès l'âge de six ans, soit astreinte à apprendre par cœur, l'histoire et la géographie, à faire ses devoirs de calligraphie et de calcul, à passer plusieurs heures au piano, sans autre souci pour sa santé, pour le développement de son corps, par l'exercice physique, en plein air, par les jeux et les distractions dont le premier âge a tant besoin.

De cette coupable négligence des pères de famille et des corps enseignants, il résulte, pour la jeune fille, une irritabilité maladive, une faiblesse constitutionnelle, propres à compromettre un jour sa santé, la santé de la future mère de famille et de ses héritiers.

Les devoirs de la lactation deviendront, alors, impossibles à remplir. Les parents sages se verront forcés de recourir à la lactation artificielle ou bien aux mamelles mercenaires des filles-mères, dont la vie déréglée est devenue presque une profession aussi recherchée que lucrative.

Cette dégénérescence de l'espèce a rendu la doctrine de Malthus également à la mode.

Cette doctrine achèvera l'œuvre de destruction entreprise depuis plus de quatre-vingts ans, par l'instruction *laïque*, en dehors de la direction de Dieu. Le fils unique et la jeune héritière s'abandonneront à une vie molle et oisive qui achèvera de compromettre ainsi leur santé, d'anéantir leurs plus belles facultés.

Voilà, en abrégé, les maux dont nous sommes devenus responsables, depuis que nous avons admis, comme vrai, le principe ridiculisé par

Molière: *du côté de la barbe est la toute-puissance*, et depuis que le prince de Bismarck a soutenu, à coups de canon, la maxime impie : *la force prime le droit.* J'ignore, cependant, quel est celui des deux qui, en parlant ainsi, s'est le plus moqué de Dieu et de l'humanité.

IV.

Chrétiennement éduquée, la femme polira et adoucira les mœurs sociales. Rendue à elle-même, à sa destination première, elle nous apprendra à aimer la vertu. Revêtue, parmi les hommes, de son caractère providentiel, la femme rendra à la terre cette paix et ce bonheur relatifs que nous cherchons, en vain, en dehors d'elle et sans sa coopération. Car la femme, telle que Dieu l'avait faite, manque à l'humanité. L'homme a aboli, en elle, l'œuvre du Créateur. C'est notre premier crime.

Le déicide est venu, ensuite, comme une conséquence fatale de cette première violation des lois divines.

« Quelque crime toujours précède les grands crimes ! »

Cette vérité est si naturelle, si saisisante ;

elle frappe tellement l'esprit, qu'il semble superflu de la démontrer. Cependant, une seule chose est nécessaire : « apprendre à connaître et à faire la volonté de Dieu. » Apprendre donc, aux enfants, en général, à la petite fille, en particulier, à connaître Dieu et ses lois, à le craindre et à l'aimer, à le respecter et à lui obéir entièrement, voilà l'art d'élever les hommes pour en faire des demi-dieux ; art que Dieu confia à la femme seule ! C'est l'intuition, le sentiment intime de ce grand privilège qui faisait dire aux femmes de Sparte : « Nos maris » font les lois ; nous seules, nous faisons les » hommes moralement et intellectuellement » parlant. »

Agir autrement, serait fausser, en effet, la nature humaine ; ce serait altérer les facultés immortelles que Dieu a accordées aux hommes. Cette frélatation corruptrice des principaux dons du Créateur serait le tombeau du genre humain. Mais, afin de permettre aux femmes chrétiennes de nous éviter ce naufrage, nous devons reconnaître, franchement, leur supériorité sur nous à cet égard.

Nous devons reconnaître la faculté sublime dont elles ont été revêtues par le Créateur : « enfanter l'homme physiquement et morale-

» ment par le sacrifice volontaire de toute leur » vie terrestre. »

En présence de ces faits, nous ne saurions assez déplorer, hélas ! que cédant à la mode sacrilège du jour, la femme chrétienne ait pu oublier, un seul instant, le divin sacerdoce dont elle a été revêtue, cette supériorité du sexe faible, sur le sexe fort. Nous regrettons, en vérité, que les femmes, en général, aient pu oublier l'immense responsabilité que cette sublime prérogative fait peser sur elles ; prérogative sans égale, et dont elles ne sauraient se décharger sur personne au monde ! Rien, effectivement, ne saurait être substitué à l'amour maternel ; rien, aux devoirs de la maternité, éclairés par la lumière de l'Evangile.....

En présence de ces devoirs multiples, le foyer domestique devient un temple sacré, fermé aux profanes. L'asile le plus pauvre de l'enfance est plus cher à Dieu que le temple splendide de Salomon ! La mère prudente en éloigne, avec sollicitude, tous les propos inutiles, tous les gens oisifs, tous les discours indiscrets, tous les mauvais exemples et tout ce qui pourrait porter atteinte à l'innocence des petits enfants.

Juvénal disait, à ce propos, avec une grande raison : « que le sanctuaire domestique ne sau-

» rait jamais être, ni assez bien gardé, ni assez » candidement tenu pour y conserver intacte » l'innocence des jeunes enfants. » Et notre divin Sauveur avait dit, bien avant lui : « Malheur à celui qui scandalise un de ces » petits enfants. Il aurait mieux valu, pour lui, » de n'être pas né..... ou qu'il se fût attaché au » cou la meule de moulin, qu'un âne tourne, et » qu'il se fût précipité dans le fond de la » mer.... » Eh bien ! la femme chrétienne est le premier des anges gardiens préposés à la garde de l'enfance ! Que dirons-nous, dès lors, de ceux qui prétendent pouvoir se passer de l'éducation maternelle? Que penserons-nous de ceux qui croient possible de supprimer Dieu et la femme, la famille et la propriété, c'est-à-dire l'ordre, l'épargne et l'économie domestique? Que dirons-nous de ces hommes qui veulent effacer la Religion et abolir la Patrie? — Nous dirons, simplement, qu'il sera moins difficile, pour eux, de supprimer l'humanité et de nous faire descendre au-dessous des bêtes.....

C'est, en effet, par l'éducation chrétienne que la femme peut fortifier le cœur des enfants, et changer, en bien, celui des hommes. C'est par ses vertus domestiques et par sa haute intelligence que la femme chrétienne peut mettre l'ordre dans le ménage et le répandre au dehors. C'est par sa douceur — *beati mites* — qu'elle maintiendra dans la famille et, par conséquent, dans l'Etat, cette paix, cette union qui est un don de Dieu, un legs glorieux de Celui que les hommes ont attaché au gibet ignominieux de la Croix. La femme transmettra ainsi, par la famille, sa douce influence à la société. Instruits par de telles mères, sur leurs devoirs d'hommes, de chrétiens, de citoyens, les enfants apprendront, de plus en plus, à aimer, à chérir la vertu, comme le souverain bien. Ils apprendront à haïr le mal et à le fuir comme notre plus grand ennemi.

Par l'éducation de l'homme, la mère chrétienne aréagir insensiblement sur les lois, en vertu de cet axiome : « Les bonnes mœurs font les bonnes lois. » Elle réagira, de même, sur la politique humaine, foyer d'injustices et de crimes, pour y substituer la morale naturelle, les vérités de l'Evangile. Nous verrons disparaitre, alors, les haines et les carnages, les guerres et les rapines, les meurtres et les spoliations, ces enfants des hommes du siècle, qui prétendent vivre en dehors de l'atmosphère divine de la Religion. — Sans l'intervention et les tempéraments apportés par la femme dans nos discordes civiles ou internationales, nous serons toujours à recommencer. Ce n'est certes pas là un progrès dont nous puissions être fiers ! Sur une grande ou sur une petite échelle, ces injustices et ces crimes seront toujours le produit de la force brutale de l'homme opposée aux droits naturels de la faiblesse de la femme ou de l'enfant.

C'est pourquoi, dans notre intérêt, nous devons reconnaître la supériorité de la femme chrétienne, non-seulement au sein du foyer domestique, mais au milieu de toute société civilisée. C'est le seul moyen qui nous reste pour faire pénétrer la morale du Sauveur dans la politique humaine.

C'est ainsi que nous substituerons les sentiments élevés du cœur aux ignobles passions des sens, la vie spirituelle des enfants de Dieu aux abominations des enfants réprouvés de Sodome. Nous substituerons ainsi la charité chrétienne au fratricide de Caïn, au déicide de Judas et consorts. Nous substituerons les couronnes fécondes du travail, à l'oisiveté des bivouacs, aux carnages des champs de bataille, à la fumée de la poudre à canon. Nous substituerons la politique honnête et morale de l'Evangile aux mensonges qui gouvernent les nations. Nous substituerons, enfin, la doctrine du Sauveur — *Servus servorum* — à la doctrine de perdition que nous professons et par laquelle nous prétendons tous dominer à la fois : sur les femmes et sur les hommes, grâce à notre égoïsme dévorant.

CHAPITRE III.

« Sine me nihil potestis
» facere. »

I.

L'état incomplet, inachevé de l'éducation religieuse de la femme et l'ignorance de l'homme, à cet égard, constituent un désordre de nature à transformer la terre en enfer.

Sans l'instruction religieuse également répandue parmi les deux sexes, il ne peut y avoir, en effet, aucun lien commun entre eux ; il ne peut exister aucune sympathie durable ; car sans le sentiment moral, sans l'esprit religieux, nous pouvons affirmer que l'espèce humaine n'existe pas.

« Effacer la religion de l'esprit humain, dit

» M. Caro, c'est déposséder l'homme de lui-
» même. » — « Effacer Dieu du cœur de
» l'homme, a dit l'abbé de Lamennais, c'est
» le tuer, » « et je ne connais même pas, a-t-il
» ajouté, de plus sûr moyen de donner la mort. »

Tous les sages de l'antiquité, tous les docteurs de l'Eglise s'accordent sur cette vérité. — Cette proposition est d'autant plus évidente que, sans l'instruction religieuse, il n'y a pas de société possible entre des personnes différant par les goûts, les inclinations, les habitudes et les sentiments.

En l'état d'ignorance religieuse dans lequel nous vivons et dans lequel nous élevons nos enfants, nous concevrions des législateurs, des ministres, des hommes d'Etat qui nous enverraient, conformément à l'avis de M. le comte de Chambord, apprendre notre catéchisme. Nous comprendrions qu'ils élevassent la voix, à l'exemple de notre divin Sauveur, contre ceux qui chargés d'enseigner aux autres la science par excellence, ne veulent pas se donner la peine de l'apprendre eux-mêmes... Car, il est incontestable que le code de l'Evangile, la science biblique, en général, et la constitution du Décalogue, en particulier, renferment tous les principes sociaux et toutes les notions primordiales indispensables à l'homme. Mais, ce que je ne puis comprendre, c'est que des hommes d'Etat, des ministres, des législateurs proscrivent l'enseignement religieux. Ce que je ne conçois pas, c'est que de prétendus libéraux prêchent ainsi le plus dangereux obscurantisme, au milieu de la plus épouvantable tyrannie : la violation des consciences ; car, toute vraie lumière et toute vraie liberté viennent de Dieu.

Or, le seul moyen de pouvoir arriver à se connaître soi-même, cette grande aspiration du genre humain, consiste précisément à apprendre à connaître l'Auteur Suprême, par l'étude attentive du livre ouvert de la nature, moyennant les lumières de la révélation.

Dans la thèse humanitaire et sociale que je soutiens, j'entends d'honorables contradicteurs m'accuser d'exagération. — Non ! je n'exagère pas. En dépouillant la moitié du genre humain, en dépouillant la femme de ses nobles attributs, de ses plus hautes prérogatives, nous avons dépouillé l'être humain de la plus importante et intégrale partie de lui-même. Nous avons stupidement ou méchamment prétendu remplacer cette force vitale immense, par des armes perfectionnées et par des *forteresses blindées*, sans songer que la justice divine permet que ces songer que la justice divine permet que ces engins de guerre et que ces bastilles nouvelles soient tournés contre nous.

Nous avons prétendu résister à Dieu, déclarer la guerre à la femme, à la famille, à la propriété : la guerre à la société, la guerre contre nous-mêmes et dont le but, non avoué, est la violence. le meurtre, le vol, le pillage et l'incendie.

Nous éprouvons déjà les tristes conséquences de cette politique impie. Les misères que nous éprouvons, les ruines qui nous menacent avaient été prédites dès la plus haute antiquité. Malheureusement pour nous, nous ne sommes qu'au début de la filière d'épreuves et de malheurs qui nous engloutiront, si nous ne revenons pas promptement à la politique morale et chrétienne, à la science, sociale de l'Evangile, « cette » grande charte du genre humain. »

II.

A part donc notre Saint-Père Pie IX, qui a fait des efforts surhumains pour s'opposer au désordre que nous signalons, nous sommes tous également coupables, vis-à-vis de la justice divine, de cette aberration mentale qui fait peser sur nos têtes une triple malédiction.

La première malédiction est due à cet égoïsme infernal et ténébreux qui nous porte à refuser aux filles, aussi bien qu'aux garçons, cette instruction religieuse qui est la mère de toutes les sciences et la base de toute éducation sensée.

La seconde est due à l'atteinte fatale que nous portons, en agissant ainsi, à l'œuvre du Créateur, par la mutilation du genre humain.

La troisième, enfin, est due autant à la haine que nous portons à nos semblables, qu'au crime d'hypocrisie, moyennant lequel, sous le manteau du Christianisme, nous portons atteinte à la propriété, à l'honneur, à la vie de l'homme qui, « dans la balance de la Justice divine, vaut, » cependant, l'œuvre du Créateur et la personne » même du Sauveur mort, pour nous, sur la » Croix ! » — (*St-Augustin.*)

« Ils seront revêtus de malédiction, — dit à » ce sujet l'Eternel, — comme d'un habit, parce » qu'ils l'ont aimée ;

» La malédiction les couvrira comme un vête- » ment ; elle les ceindra comme une ceinture ; » ils en seront abreuvés, parce qu'ils l'ont » préférée à ma bénédiction. » — (Ps. 108.)

En présence de ces vérités inéluctables, étonnez-vous, ensuite, pieux lecteur, de tous les fléaux qui pleuvent sur nous : les famines et les disettes, les vices et l'immoralité, l'oisiveté et l'ivrognerie, les haines et les discordes, les meurtres et les spoliations, les guerres et les rapines, les pirateries de la civilisation, les épidémies, les contagions, une mortalité inaccoutumée, et, au-dessus de tous ces fléaux, notre effroyable ignorance en matière de religion !.... Etonnez-vous qu'il y ait encore des ministres, des législateurs, des hommes d'Etat qui s'insurgent contre la liberté de l'enseignement, contre l'instruction religieuse, contre le clergé, contre cette Eglise de Jésus-Christ à laquelle ils doivent tout ce qu'ils sont !.... Non ! ne vous étonnez pas ; car c'est là l'inévitable résultat de notre ignorance en matière de lois divines, attendu que nous ne pouvons pas échapper impunément à la loi morale, à la loi religieuse qui nous gouverne et qui nous rattache, comme êtres intelligents, à toute la création, morts ou vivants.

APPENDICE

APPENDICE

I.

Saint-Thomas a dit, avec raison, que « c'est particulièrement dans la femme que la famille se résume, et que c'est la femme qui en fait le bonheur ou le malheur, et qui est le grand instrument, le grand levier de sa moralité. »

Ce que Saint-Thomas a dit de la famille, nous pouvons le dire de l'Etat, celui-ci n'étant qu'un agrégat de familles.

II.

« La famille — d'après le P. Ventura — n'est que ce que la femme la fait. Elle n'est, dit-il, que le miroir fidèle de ses bonnes qualités ou de ses défauts, de ses vertus ou de ses vices ; et, par-conséquent, encore, la société civile, qui n'est que la réunion des familles sous un chef domestique, n'est, elle aussi, que ce que les femmes l'ont faite. Elle n'est sage ou insensée, religieuse ou impie, chaste ou corrompue que dans la mesure de la chasteté ou du libertinage, de la religion ou de l'impiété, de la sagesse ou de la légèreté des femmes.

» La force, la grandeur, la félicité des peuples dépendent de la religion, et le maintien et la propagation de la religion dépendent d'une manière toute particulière des femmes. L'homme, au moral comme au physique, n'est que ce que la femme le fait. La même mère qui lui a donné la vie du corps, par son sang, lui donne la vie de l'intelligence par sa parole. La même mère, qui lui apprend à connaître son père terrestre, lui apprend aussi à connaître son père céleste, son Dieu.

» La première révélation de l'existence de Dieu et de ses attributs ; de Jésus-Christ et de ses mystères ; de l'homme et de son origine ; de sa condition et de sa destinée ; de l'Eglise et de ses Sacrements ; du culte et de ses pratiques ; de la morale et de ses obligations ; cette révélation première ne se fait à l'enfant que par sa mère. Sa mère est son premier prédicateur, son premier missionnaire, son premier apôtre, son premier évangéliste qui éclaire sa raison naissante, qui développe en lui les habitudes des vertus théologales qu'il a reçues au baptême ; qui lui apprend à croire en Dieu, à espérer dans sa miséricorde ; à aimer sa bonté, à l'appeler du doux nom de Père ; à adorer sa majesté, à craindre sa justice, à l'invoquer par la prière, à accomplir ses volontés, à attendre ses récompenses.

» C'est la femme pieuse, pure, sage, prudente, dévouée, la femme catholique, en un mot, qui, mère, christianise l'homme enfant ; fille, édifie l'homme père ; sœur, améliore l'homme frère, et épouse, sanctifie l'homme mari. Elle est ce flambeau resplendissant dont parle l'Evangile, qui, placé sur le chandelier domestique, répand incessamment autour de lui la lumière de la foi dans toute la maison et éclaire tous ceux qui l'habitent. Elle est ce sel mystérieux qui empêche la famille de se corrompre. Elle est ce vase de parfums célestes dont parle St-Paul, qui répand autour de lui la bonne odeur de Jésus-Christ.

» Il est vrai que tout cela a été dit des apôtres et de leurs successeurs ; mais la femme est apôtre, elle aussi ; la mère-apôtre dans la maison, comme les apôtres sont, d'après St-Paul, les apôtres-mères dans l'Eglise. Car, c'est la femme solidement religieuse qui, par sa conversation, maintient et fait valoir l'enseignement de la religion et le réalise par ses vertus ; et qui par cela même qu'elle maintient en action la religion, dans la famille, la maintient dans l'Etat. Car, comme la famille n'est religieuse que par la religion des individus, l'Etat n'est religieux que par la religion des familles.

» Il est vrai que ce sont les hommes qui font les lois dont le bon ou le mauvais esprit décide du bonheur ou du malheur de la société. Mais les lois ne sont que le reflet et l'expression des mœurs publiques, et, comme on l'a toujours reconnu, les lois ne sont qu'une lettre morte, les lois ne valent rien, ne sont rien sans les mœurs. Or, comme ce sont particulièrement les femmes qui font les langues et les proverbes, de même ce sont les femmes qui font les mœurs aussi bien que les coutumes, les usages et les modes de tout un peuple. »

III.

« Vous avez beau faire, — disait Horace aux Romains, — vous n'échapperez pas aux malheurs qui vous menacent. Rome est ruinée parce que la femme y est corrompue.... — Nous en sommes venus, ajoutait-il, à ce degré de dévergondage du sexe, que la jeune vierge ne se plaît plus qu'aux danses voluptueuses de l'Ionie, qu'elle y assouplit ses membres, et que, dès l'enfance même, elle ne rêve que d'incestueuses amours. En se mariant, elle ne devient pas plus sage. Elle pousse son effronterie jusqu'à préférer à son époux de plus jeunes adultères, sous ses yeux mêmes et pendant qu'elle est assise à sa table. Et ce n'est plus à un amour de son choix, ni sous la protection des ténèbres, mais c'est aux premiers venus, c'est à tout le monde et en plein jour qu'elle accorde ses coupables faveurs. Le malheureux mari est obligé d'en prendre son parti, et il la voit avec indifférence courir après celui qui l'appelle, fût-il un marchand ou un patron d'un navire espagnol, pourvu qu'il soit disposé à payer cher l'infâmie d'une pareille femme. C'est ainsi que notre siècle, si fécond en crimes, a, avant tout, souillé le lit nuptial et que par là il a dégradé les générations et les familles, et c'est du sein de la famille qu'est sorti le torrent de la corruption qui a envahi le peuple et a renversé l'Etat. C'est ainsi qu'avec le cours du temps qui, hélas ! ravage tout, le libertinage des générations s'est accru toujours davantage. Nos pères valaient moins que leurs aïeux ; nous valons moins que nos pères et nous ne laisserons que des fils encore plus dépravés que nous. »

(*An de Rome 753. — Règne d'Auguste.*)

IV.

« Une des plus grandes plaies de la société moderne qu'on ne saurait trop se hâter de guérir, — dit le P. Ventura, — c'est la profonde ignorance des femmes en matière de religion. N'avons-nous pas rencontré, poursuit-il, plus d'une dame distinguée par son esprit, et même pratiquant la religion, nous avouer franchement *qu'elle ne croyait pas à l'éternité des peines, ne pouvant pas combiner dans son esprit ce dogme avec la bonté de Dieu*, et continuer de se dire chrétienne catholique, tout en niant le dogme fondamental du christianisme et de toute la religion ? C'est, comme on le voit, le comble de l'ignorance touchant la religion, uni au comble de l'orgueil et de la fatuité ! Et cependant cette ignorance et cet orgueil, et un certain esprit philosophique, qui en est la conséquence obligée, sont plus qu'on ne pense répandus dans le sexe. Dès lors, pourquoi s'étonner de l'absence de toute croyance, de toute pratique religieuse au sein de tant de familles soi-disant catholiques ou chrétiennes ? En politique, tout se fait par les hommes ; mais en religion, nous le répétons, tout se fait par la femme.

» Tout ce qu'elle a reçu, à cet endroit, la femme le répand autour d'elle. C'est à une femme que le monde a dû l'Homme-Dieu ; et c'est par les femmes que le Christianisme se répand et se perpétue dans le monde.

» Mais comment la femme pourrait-elle inspirer aux autres la religion, dont elle n'a, le plus souvent, que des idées fausses ou incomplètes, des sentiments faibles ou exagérés, ou qu'elle ne connait ni ne sent point du tout ? Ah ! particulièrement à Paris, la femme bien élevée parle bien, écrit bien, sait bien la littérature française et l'histoire, la mythologie et les antiquités romaines, la musique, la danse, le dessin, voire même l'histoire naturelle ! Ce qu'elle ne sait pas, ou qu'elle ne sait pas assez, c'est le catholicisme, c'est la religion. Nous le disons avec un profond regret : l'éducation religieuse des filles est, à de rares exceptions près, négligée autant que l'éducation des garçons ; l'éducation de certains couvents est aussi mondaine que l'éducation de certains colléges ! »

V.

En présence de ces tristes vérités, nous nous demandons quel lien, à l'avenir, pourra attacher la femme au mari, le père de famille à ses enfants, ces derniers à leurs parents, les familles entre elles, etc. ? Qui les rattachera toutes ensemble à l'Etat ? Que deviendront les noms d'Humanité, de Patrie et d'Autorité ? Par quoi remplacera-t-on le ciment religieux, dans l'édifice social ? — Sans le sentiment religieux, animant tout, c'est le désordre, la torture et la mort !....

VI.

« On se plaint, — poursuit le P. Ventura, — que les femmes soient frivoles. Eh, mon Dieu ! elles sont ce qu'on les fait. En y regardant de près, leur éducation n'a rien ou fort peu de sérieux, touchant ce qu'elles devraient savoir le plus. L'on ne s'y applique à former que des femmes instruites et même savantes, mais point à y former des femmes solidement religieuses dont l'époque actuelle a si grand besoin ! On n'y pense pas assez, ou bien on n'y pense pas du tout. Un peu de catéchisme que les jeunes filles oublient presque aussitôt qu'elles ont fini de l'apprendre et la lecture de quelques livres pieux à la hauteur du *Paroissien* ou de la *Journée du Chrétien*, voilà à quoi se borne toute l'éducation religieuse qu'on donne dans les familles chrétiennes, et même dans des couvents qu'on croit forts à l'endroit de cette éducation.

» Les saintes femmes des premiers siècles, de l'époque des Pères et du moyen-âge, n'étaient pas frivoles, celles-là ; c'étaient de grandes existences, d'étonnantes figures, telles qu'on ne peut rien imaginer de plus sérieux et de plus solide, mais aussi elles étaient bien autrement formées, instruites dans la religion. L'instruction religieuse, sans l'instruction littéraire, est beaucoup pour la femme ; l'instruction littéraire, sans l'instruction religieuse, ne lui sert à rien, si ce n'est à lui inspirer une plus grande estime d'elle-même, une plus grande vanité, une plus grande envie de se faire valoir, sentiments dont elle n'a pas besoin. Ce n'est qu'un piège de plus à sa faiblesse, un surcroît d'aliments à ses passions.

» Une femme dans laquelle l'instruction purement littéraire n'est pas balancée par une instruction religieuse bien solide, et dont le talent n'est plus contenu, dans de justes bornes, par les vrais principes et les vrais sentiments chrétiens, est une femme téméraire, imprudente, légère, frivole, orgueilleuse, ne se faisant remarquer que par une grande prétention à avoir de l'esprit, par un superbe dédain des autres et une folle idolâtrie d'elle-même. C'est une femme sur la sagesse de laquelle on aurait tort de compter. C'est le plus grand malheur d'un ménage, c'est par elle que la misère et le désordre y pénètrent, en compagnie de tous les scandales et de toutes les ruines.

» Au contraire, la femme qui, n'ayant pas beaucoup d'instruction mondaine, a beaucoup d'instruction religieuse et qui, par conséquent, sent bien les grandeurs de la religion, se pénètre de son esprit et s'empresse de la réaliser par les vertus modestes de son état, est une femme sérieuse, humble, sage, discrète, prévoyante, dévouée corps et âme au vrai bonheur de son époux et de ses enfants ; si elle ne brille pas beaucoup par les grâces de l'esprit, elle se fait admirer et respecter par la générosité et la constance de son dévouement. Si elle ne sait pas faire de belles tirades sur le bien, elle sait le pratiquer : et c'est tout ce qu'attendent d'elle Dieu et les hommes, la famille et la société.

» Une telle femme est le don le plus riche, le plus précieux que Dieu puisse faire à une famille ; c'est le ciment de la concorde entre ses membres ; c'est la source cachée de sa richesse, c'est le fondement de l'ordre qui y règne, c'est le gage de son bonheur et de sa prospérité. »

VII.

La femme complète l'homme, non-seulement au point de vue naturel ou physiologique, mais surtout au point de vue religieux et social : *et erant duo in carne una.*

Le sentiment religieux, en général, est, en effet, plus prononcé chez la femme que chez l'homme. La femme en a aussi un plus grand besoin. La nature se serait trompée, à son égard, s'il pouvait en être autrement.

Cela étant démontré par l'observation, jusqu'à l'évidence, de quelle responsabilité ne se chargent pas les pères de famille et les chefs des nations qui négligent de remplir le devoir essentiel de l'enseignement religieux dans l'éducation de la femme? — Ils minent tout bonnement l'édifice social sous lequel ils s'abritent, attendu qu'aucune société humaine n'est possible sans le ciment religieux. C'est le cri des siècles.

VIII.

«..... L'homme, en traversant le monde, — dit le P. Félix, — est jeté dans une atmosphère de passions, il les respire par tous les pores.

» Quand un jeune homme quitte les bras de sa mère et vient, à l'âge de dix-sept à dix-huit ans, dans nos grandes cités, il se sent enveloppé dans une atmosphère de voluptés, à droite, à gauche, en haut, en bas, partout c'est elle qui le fascine. Pour peu qu'il veuille faire usage de la puissance qu'il possède de voir, d'entendre, de comprendre, de toucher aux choses, il est de suite assiégé par la volupté ; il la rencontre partout, dans les livres, dans les tableaux, dans les statues, dans les images, dans les êtres vivants ; la voix de cette sirène enchanteresse retentit aux quatre vents du ciel, et partout sur son passage se dresse cette passion si funeste. Qu'est-ce que le monde, sinon l'universelle fascination, la complicité avec la passion qui est en lui ? Aussi, la volupté se fait-elle dans l'homme l'empire le plus universel ; bien différente des autres passions qui, elles, ne sont pas universelles.

» Ainsi, par exemple, l'ambition est en haut, la jalousie en bas, l'avarice au milieu, tandis que la volupté, elle, se trouve partout : en haut, en bas, au milieu. Le riche sous son vêtement soyeux comme le pauvre sous ses grossiers haillons ; le prince sur le trône, comme le pâtre sous le toit de chaume ; l'ouvrier qui remue la matière aussi bien que l'artiste qui poursuit l'idéal, tous ont à se mesurer avec cet ennemi commun, nul n'est exempt de ses attaques ; la noblesse, le génie, la dignité ne s'en défendent pas. Que dis-je, si vous n'êtes pas ferme, le privilége d'être plus haut ne sera pour vous que le privilége de tomber plus bas.

» Pour résister à la volupté, l'homme a sa raison, et, s'il est chrétien, il a la foi qui est une grande puissance.

» Que dit la raison ? le voici : *Vaincre c'est un devoir, vaincre ses passions, c'est l'honneur, c'est la grandeur de l'humanité.* Ainsi parle la raison, si vous possédez la foi ! — Ah ! elle dit plus. Que dit-elle ? — Ecoutez : *Vaincre c'est le christianisme ; être vaincu, céder, c'est le paganisme. Vaincre c'est glorifier Jésus-Christ, céder c'est profaner Jésus-Christ, c'est abdiquer le christianisme, c'est manquer à soi-même.*

» Au point de vue où nous nous sommes

placés, voici le résumé de l'histoire du monde. Cherchez dans l'histoire les grandes défections de la vérité, tout ce qui éloigne de la fin dernière les hommes, et si vous voulez en connaître la cause, remontez à la source et vous trouverez la volupté, cette grande et universelle passion. Regardez le monde du côté du Calvaire et celui qui est devant vous. Voici l'humanité ancienne et voilà l'humanité contemporaine ; elles rendent le même témoignage. Remontez le plus haut possible dans les annales des peuples ; le genre humain est tout jeune encore ; il se partage en deux générations : celle des chastes et celle des non-chastes. Or, un jour il advint que l'une corrompit l'autre, et il se fit dans le monde une corruption si profonde, que Dieu, en jetant les yeux sur cette humanité faite à son image et à sa ressemblance, se dit : « Mon esprit ne se » reposera plus sur l'homme, parce qu'il est » devenu chair. »

» Deux mille ans ne se sont pas écoulés depuis la création, que la défaite est déjà universelle. Quelle en est la cause ? Il n'y a pas à en douter ; il faut croire Dieu qui l'affirme, en disant que « l'homme est devenu chair. » Voilà pourquoi Dieu ouvrit les grandes cataractes et inonda la terre comme pour laver l'humanité de ces taches immondes qu'elle portait jusque dans sa chair. La raison de ce grand cataclysme, c'est donc la volupté. De quelle frayeur ne seriez-vous pas saisis, si vous pouviez compter le nombre de victimes précipitées, alors, dans l'enfer, par cette ignoble passion ? Après ce terrible exemple, cherchez encore ce qui a fait descendre sur

Sodome et Gomorrhe ce grand fleuve de soufre et de feu, ce qui a fait passer en un moment cinq villes entières de l'enfer du temps à l'enfer de l'éternité.

» Si vous vouliez entrer dans les détails, nous n'en finirions pas dans le récit des innombrables calamités que cette honteuse passion a versées sur la terre ; j'aime mieux m'arrêter là. Je veux considérer seulement les grandes phases d'autres déluges. Voyez dans le monde moral le paganisme, déluge où périssent les saines doctrines, au point que vous ne voyez plus surnager que quelques rares vérités. Qui l'a fait naître ? Qui l'a soutenu ? Qui l'a propagé, qui l'a défendu ? Est-ce la raison ? Est-ce la vertu ? Est-ce la religion ? Non, dans ce mélange d'erreurs incohérentes, la raison n'a rien à faire ; dans ce mélange de monstruosités, la religion n'a rien à voir. A ce spectacle, la raison se taisait, la vertu rougissait, la religion se voilait la face. Qui l'a soutenu ? Des voix répondent du fond de ces temples où les païens avaient trouvé le secret d'adorer les représentants des vices les plus hideux ; écoutez ce qu'elles disent : « Je suis fils de ma mère, c'est la volupté qui m'a mis au monde. » — Qui l'a défendu ? Est-ce la sainteté, est-ce la vérité qui sont venues dans le monde avec le christianisme pour le régénérer ? Qui a fait la guerre à la vérité ? Qui a souillé le christianisme ? Qui ? la volupté ! Pourquoi, pendant trois siècles, le sang des martyrs a-t-il coulé à grands flots ? Pourquoi la persécution a-t-elle dix fois rallumé ses ardeurs ?

» Dans ce grand phénomène, je sais bien qu'il

y a eu des causes secondaires, accidentelles ; mais la grande cause, c'est qu'il fallait défendre le paganisme contre l'autorité chrétienne, contre le Crucifié qui venait avec une croix et une couronne d'épines apporter le salut aux multitudes. Mais la volupté fut vaincue par la vertu.

» Après que Dieu eut décidé cette grande victoire de la pureté contre la volupté, de la vérité contre l'erreur, qui a perpétué l'opposition à la vérité sur la terre ? Qui a tenu levé le drapeau de l'erreur ?.... La volupté.

» Voyez maintenant les apostasies rationalistes. Si vous cherchez au fond, que trouverez-vous ? Vous trouverez la même cause : la volupté. Dès le commencement, l'hérésie se révéla avec ce caractère honteux, affectant l'orgueil de la science de la gnose qui résumait toutes les hérésies. Le gnoticisme, au fond, qu'est-ce ? La volupté pure qui demande la consécration des ignominies de l'homme ; passion qui veut s'imposer au nom de la sainteté.

» Résumons les hérésies en nommant ceux qui en sont les fauteurs. Qu'est-ce l'hérésie ? L'hérésie, c'est Arius, c'est Luther ; c'est Arius, cet homme qui, d'après Saint-Jérôme, séduisit l'innocence, afin de mieux séduire l'univers ; c'est Luther qui profana la majesté de son sacerdoce, par une union deux fois sacrilége ; qui, après la profanation de son caractère, viola la sainteté du lien conjugal.

» Nous pouvons affirmer, la main sur l'histoire, comme sur un autel où la vérité fait un véridique serment, que toute hérésie doit rougir en regardant son berceau et se voiler le visage en jetant les yeux sur ses aïeux. De même que nous avons résumé les hérésies dans leurs auteurs, nous pouvons aussi résumer les schismes.

» Les schismes ont extérieurement des prétextes, des occasions, des séparations que le commun des hommes prend pour des causes sérieuses et fondées. Mais allez au fond des schismes, que trouvez-vous ? La volupté, parfois aussi l'orgueil, souvent ces deux passions ensemble.

» Le schisme, c'est l'empereur Michel ; le schisme, c'est encore Henri VIII. Qu'était-ce que cet empereur Michel ? Un être corrompu, s'il en fut jamais. Permettez que je dise ces choses, c'est de l'histoire que je cite. Michel avait un ministre aussi pervers que lui ; Bardas et Michel brisent avec Rome, et pourquoi ? Parce qu'ils ne peuvent supporter le blâme généreux d'un évêque contre les débauches impériales.

» Regardez maintenant le roi d'Angleterre faisant monter sur le trône des prodiges de volupté et conduire à l'échafaud les victimes de ses débauches. Pourquoi sa séparation de l'église romaine ? Parce que le Souverain Pontife ne veut pas être son complice pour accabler la vertu, parce qu'il refuse de bénir son illégitime union, et qu'il oppose la majesté du sceptre pontifical à des orgies impériales.

» S'il en est ainsi des hérésies et des schismes, que dirons-nous des défections rationalistes ?

» Au siècle dernier, qui conspirait contre le Christianisme ? Le rationalisme, me direz-vous.

Mais, la main étendue sur l'histoire, je vous adjure de me dire qui, au fond, qui, par-dessus tout, conspirait ? Dans les livres, dans les discours, on disait la raison, la philosophie. Le Christianisme, d'après les rationalistes, les philosophes, qu'était-il ? L'abaissement de l'humanité. Entendez cet effroyable cri : « Ecrasons l'infâme. » — Qui disait cela ? Serait-ce la raison ? ou bien l'histoire ou encore la vertu ?

» Non, non, ces trois grandes choses faisaient, au contraire, une triple auréole de gloire et de majesté au Christianisme ; qui disait donc cela ? Ce qui ne peut pas souffrir l'Autorité Chrétienne. Voulez-vous en avoir une preuve irrécusable ? Lisez ces livres, ces discours. Voyez la corruption plus que l'erreur s'en échapper. Ah ! ces nouvelles générations, elles ne pouvaient accepter les doctrines du Calvaire, elles voulaient anéantir le Christianisme. Eh bien ! quelle fut leur œuvre ? Elles appelèrent à leur secours la volupté, et la volupté fit remonter sur son autel son idole, et le monde se prit à l'adorer et à blasphémer ce qui était pur, ce qui était vénérable et saint.

» Finissons, — ajoute le P. Félix, — cette grande série de faits ; je vous dis seulement : regardez l'histoire qui est devant vous, et dites-moi où se trouve la grande cause de la damnation de l'humanité ?

» Devant vous, je vois trois générations vivantes dont le salut est gravement compromis. Je divise l'humanité actuelle en trois classes : la première est celle qui vit sans croire ; la seconde est celle qui vit au milieu du Christianisme et cependant ne croit pas à la divinité de Jésus-Christ ; la troisième est celle qui a été baptisée dans l'Eglise catholique, et qui, néanmoins, doute de la divinité de l'Eglise catholique. Je constate avec bonheur que cette génération va diminuant chaque jour, et votre présence immense dans cette vaste basilique annonce cette heureuse décroissance. Mais, cependant, elle vit au milieu de vous cette classe d'incrédules. Or quelle est la mère féconde des incrédulités de notre temps ? C'est la volupté. Je ne veux être injuste envers personne. Parmi les incrédules, je sais qu'il en est qui le sont à cause des circonstances déplorables, des situations malheureuses où ils ont vécu. L'éducation, les préjugés, l'entourage, les relations, les livres, les spectacles sont autant de causes accidentelles, je le veux bien ; mais la grande cause principale, universelle, c'est la volupté. Pourquoi ce jeune homme qui n'a pas vu fleurir dix-neuf printemps a-t-il perdu la foi à quinze, à seize, à dix-sept ans ? Qu'a-t-il donc appris ?

» Quelle révélation, quelle illumination soudaine s'est donc faite dans cette grande intelligence ? Pourquoi ce mari, au jour de ses noces encore croyant, ne partage-t-il plus la foi si vive de celle que la Providence lui a donnée pour compagne ? Ah ! c'est qu'un souffle de volupté a passé par là, comme un souffle d'orage, et a fait chanceler, dans son âme, l'édifice de la vérité. Si tout est renversé, détruit, comment cela est-il arrivé ? Il ne faut pas s'en étonner. Entre le Christianisme et la volupté, il y a un antagonisme flagrant. Le Catholicisme, c'est l'esprit, et la volupté, c'est la chair. Alors existe le lamentable et douloureux combat de l'esprit contre la chair et de la chair contre l'esprit.

» Voilà pourquoi il est à peu près impossible de se livrer à la volupté sans devenir incrédule. »

IX.

Saint-Jean-Chrysostôme a dit : « Il est sûrement impossible de ne pas chanceler dans la foi, si vous menez une vie impure ! Cela doit être. Quand l'âme se précipite dans la volupté, elle souffle sur le flambeau de la foi pour être plus à l'aise dans les ténèbres, et vous voyez cette lumière si brillante et si vive qui tombe et s'éteint au fond de la fange humaine. »

X.

Le R. P. Henry enseigne que : « l'abaissement de l'intelligence, l'abaissement des mœurs, l'abaissement des caractères, chez les hommes de notre époque, dérivent, principalement, de leur ignorance en matière de religion. »

Le savant dominicain attribue cette ignorance au peu de soin que les pères et mères apportent dans l'instruction religieuse de leurs enfants ;

aux principes d'indifférence chrétienne que les nouvelles générations puisent dans les écoles primaires, en général, et dans l'enseignement supérieur en particulier ; au contact de la jeunesse avec une société dévoyée et pervertie ; à la lecture, enfin, des mauvais livres et des mauvais journaux.

Cette pernicieuse ignorance a pour résultat de mettre l'homme en opposition avec Dieu et ses lois, avec la morale évangélique, avec la constitution du Décalogue, avec la saine théologie, et, par conséquent, en opposition avec lui-même, avec ses intérêts les plus chers.

C'est de cette ignorance que dérivent la décadence des nations, le bouleversement social, la ruine de l'humanité. — Les nations civilisées, les sociétés modernes, l'humanité ne sauraient donc être sauvées que par la parole divine, la science de Dieu, l'enseignement religieux et l'instruction chrétienne.

(*S. de Carême, 1876.*)

Dans ses sermons antérieurs, le R. P. Henry s'est attaché à démontrer que la parole divine, après avoir créé les êtres doués d'intelligence, continue à les éclairer et préside à leur conservation *comme le véritable pain de vie ;* tandis que la parole humaine, par ses mensonges et ses erreurs, a mis plusieurs fois l'humanité en péril. Celle-ci nie, en effet, toutes les grandes vérités que la première affirme et sans lesquelles aucune société humaine n'est possible sur la terre.

XI.

Ce que le R. P. Henry enseigne est complètement d'accord avec l'histoire du passé. Voici ce qu'en pensait Euripide, au Ve siècle avant notre ère, en s'adressant au polythéisme de son époque :

« O divinités criminelles ! est-il donc juste que vous, qui donnez les lois, en soyez les premiers violateurs ?

» ..... Quand d'indignes passions vous entraînent, faut-il s'étonner que les mortels y succombent ? Et lorsque nous imitons vos vices, est-ce nous qui sommes coupables, ou ceux sur lesquels nous nous réglons ? »

XII.

C'est en présence des ruines accumulées par les erreurs du paganisme, qu'Eusèbe, évêque de Césarée, s'attache à faire ressortir, dès le IIIe siècle de notre ère, les services immenses rendus par le Christianisme à la morale publique et privée :

« Ce que je regarde, dit-il, comme le plus grand signe de la puissance divine et mystérieuse du Sauveur, ce qui nous donne la preuve la plus convaincante de la vérité de sa doctrine, c'est qu'à sa voix seule et par la propagation de ses enseignements, — ce que n'avaient pu obtenir aucun des hommes éminents qui ont paru dans la durée des siècles, — toutes les coutumes, jusque-là féroces et barbares des nations, ont été réformées. Depuis lors, en effet, les Perses qui ont embrassé la foi, n'épousent plus leurs mères ; les Scythes ne dévorent plus leurs semblables, par cela seul que la parole du Christ est parvenue jusqu'à eux. On ne voit plus de frères, ni de pères, s'unir à leurs sœurs ou à leurs filles, ni les sexes brûler d'une ardeur coupable pour les êtres du même sexe, en brigant des rapprochements contre nature : on ne voit plus jeter en proie aux chiens et aux oiseaux, les parents dont l'existence était trop prolongée, comme cela se voyait, anciennement, chez les Messagètes, les Derbices, les Hyrcaniens, les Tibaréniens et les Caspiens. Plus de festins, selon l'ancien usage, où l'on se repaissait des êtres que l'on avait le plus chéris ; plus de sacrifices humains aux dieux et aux démons, ni d'immolation d'objets de nos plus tendres affections, sous prétexte de la dévotion. Telles sont les horreurs, et mille autres semblables, qui couvraient d'infamie, jadis, toute la race humaine. »

XIII.

Indépendamment de ces témoignages du passé, « le Christianisme a pour lui le témoignage du monde moderne. » — Voici l'opinion de M. A. Nicolas, sur cet important sujet :

« Vis-à-vis de nous, qui le discutons, après vingt siècles de bienfaits, le Christianisme n'a rien à prouver. Il est tellement, que nous ne sommes que par *lui*, engendrés par lui, portés par lui, respirant en lui. Ses titres, c'est nous ! c'est le monde ! c'est la vie ! c'est tout ! »

« Ce que nous croyons, ajoute M. A. Nicolas dans l'*Art de croire*, — c'est ce que l'homme a toujours cru ; et ce sans quoi il n'est plus homme. Seulement, c'est ce qu'il a très imparfaitement et très grossièrement cru en dehors du Christianisme, qui est la restitution, au genre humain, de son antique foi épurée, complétée, rassurée à jamais par l'Evangile et dans l'Eglise. »

XIV.

A l'appui de cette vérité historique, je n'ai que l'embarras du choix ; je me contenterai d'interroger là-dessus, le grand orateur romain dans le dernier siècle avant notre ère.

« Il existe, — disait Cicéron, — une raison émanée du principe des choses, qui pousse au bien, qui détourne du mal ; celle-là ne commence pas à être loi, du jour seulement où elle est écrite, mais du jour où elle née ; or, elle est contemporaine de l'intelligence divine. Ainsi la loi véritable est la droite raison de Dieu. Cette raison de Dieu, une fois qu'elle s'est affermie et développée dans l'esprit de l'homme, est la Loi.... Il y a donc, puisque la raison est dans Dieu et dans l'homme, une première société de raison de l'homme avec Dieu. On peut ainsi nous appeler la famille, la race, la lignée céleste. D'où il résulte que, pour l'homme, reconnaître Dieu, c'est reconnaître et se rappeler d'où il est venu. »

XV.

Cette raison universelle, émanant de Dieu, prend chez l'homme le nom de conscience. Cicéron la définit ainsi : « Il est une loi véritable et absolue, universelle, invariable, éternelle, dont la voix enseigne le bien qu'elle ordonne et détourne du mal qu'elle défend. On ne peut l'infirmer par une autre loi, ni en rien retrancher ; ni le peuple, ni le Sénat, ne peuvent dispenser d'y obéir ; elle est à elle-même son interprète ; elle ne sera pas autre dans Rome, autre dans Athènes, autre aujourd'hui, autre demain ; partout, dans tous les temps, régnera cette loi immuable et sainte, et avec elle Dieu, le maître et le roi du monde, Dieu qui l'a faite, discutée et sanctionnée ; la méconnaître, c'est s'abjurer soi-même, c'est fouler aux pieds sa nature, s'infliger par cela seul le plus cruel châtiment ; quand même on pourrait échapper aux autres supplices qu'on pense être réservés ailleurs.

» Rappelles-toi, ajoute enfin ce sage romain : que si ton corps est mortel, tu ne l'es pas.

L'âme de l'homme, voilà l'homme, et non cette figure extérieure que l'on peut montrer de la main. Exerces-là donc, cette âme, à tout ce qui est bon, et au premier rang de ces nobles exercices de l'âme, places les travaux pour le salut de la Patrie. Accoutumée aux pensées généreuses, elle s'envolera plus rapide vers sa demeure natale. »

XVI.

Dans son sermon du 30 mars 1876, le R. P. Henry compare les hommes sans Dieu, de ce siècle, à l'état de Lazare, mort et enseveli, depuis trois jours, et dont le corps était en pleine putréfaction. Il les appelle avec raison, « des cadavres ambulants, » parce qu'ils « sont morts à l'espérance, à la charité, à la foi religieuse. » « De ce nombre, dit-il, étaient les insurgés de la Commune, les pétroleurs et les assassins des ôtages. » — Le R. P. Henry recommande aux jeunes femmes de rappeler, à l'exemple de notre divin Sauveur, leurs pères, leurs frères et leurs fiancés à la vie de l'âme, en leur inspirant les doux sentiments de la foi en Dieu, de l'espérance et de la charité chrétienne, dont elles sont, elles-mêmes, naturellement animées.

XVII.

« Il faut en convenir, s'écrie l'abbé Bautin sur ce même sujet, nous devenons, aujourd'hui, riches de toutes manières, excepté par l'esprit et le cœur. Car les grandes idées, les sentiments généreux, tout ce qui sert à élever les intelligences, à rehausser les caractères, à former la vertu et même l'héroïsme ne s'acquiert point avec des mathématiques et de la physique. Ces notions ne sont, après tout, que les sciences de la matière et ne peuvent guère apprendre de nos jours qu'à l'exploiter et à en jouir. »

Au milieu de la fièvre ardente qui nous dévore, excitée par le besoin d'être heureux, « il n'y a qu'une chose que personne ne songe plus à exploiter, c'est l'âme de l'homme dans tout ce qu'elle a de plus noble et de plus élevé. »

« La maladie, qui tourmente le genre humain, a commencé en nos premiers parents, quand ils ont cédé aux insinuations mensongères du mal... C'est l'orgueil ou l'exaltation du *moi* qui porte l'homme à s'affranchir de la loi, à repousser l'Autorité, comme il est arrivé à Satan qui s'est élevé contre son Créateur. »

XVIII.

« Le Musulman, dit M. le commandant Richard, achète sa femme comme une bête de somme, la traite comme telle, c'est-à-dire, en tire le plus de travail possible, à l'aide du bâton, si ce n'est pis, la première et dernière raison conjugale. »

XIX.

« La femme, a fait remarquer M. l'abbé Battisti, est considérée, par l'Arabe, non comme sa compagne, mais comme une *chose* qu'il a achetée, comme son esclave. Elle représente, à ses yeux, un capital qu'il est de son intérêt de faire fructifier le plus possible. Elle lui tient lieu de tout : de meunier, de boulanger, de tisserand, de tailleur, de cuisinier, etc., etc. »

XX.

« Avant le Christianisme, fait observer à ce sujet M. Auguste Nicolas, on peut dire que la femme était généralement dégradée, avilie ou méconnue dans sa dignité, dans sa pudeur, dans les égards dus à sa faiblesse, dans son caractère propre de femme, ainsi que cela a encore lieu de nos jours, en dehors du Christianisme ; sacrifiée dans l'Inde, sur le tombeau de son mari ; esclave sous le Coran ; bête de somme chez le sauvage, etc. »

XXI.

« Si nous en croyons Horace, la femme, chez les Germains, nous apparait comme la chaste et féconde compagne de l'homme, dans un mariage indissoluble.... ; mais, c'est surtout chez le peuple juif que la femme était tenue en grande estime, parce qu'on attendait d'elle le salut du genre humain : « Une Vierge concevra et enfantera un Fils qui sera Dieu avec nous. » (Isaïe).

« Il n'y a plus de Juif ni de Grec, de libre ni d'esclave, d'*homme ni de femme*, vous êtes tous un en Jésus-Christ. (St-*Paul*).

(*La Vierge et le plan divin*, par Aug. Nicolas, T. IV. 7e édit. Paris, 1869.)

XXII

A ceux qui douteraient encore du germe de mort que l'Islamisme porte dans son sein, nous rappellerons la statistique suivante empruntée, dans la *Revue de Médecine et de Pharmacie* de l'empire Ottoman, au Dr Nouridjan.

« De 1858 à 1859, la peste bubonique a dévasté la province de Bengasi. L'année 1861 a été néfaste par une épizootie des plus meurtrières, qui a sévi tant dans la Turquie d'Europe que dans la Turquie d'Asie. En 1864, nous avons assisté au triste spectacle de l'émigration circassienne où tout un peuple a été littéralement décimé par le typhus, le scorbut, la variole et les fièvres pernicieuses.

» Le choléra de 1865 a laissé, chez nous, des souvenirs ineffaçables ; c'était une des plus terribles épidémies qui aient envahi la Turquie. L'année 1866, — à défaut d'une grande épidémie, — a été funeste par l'intensité des ravages qu'ont exercé, dans la capitale : la variole, la rougeole, la diphtérie. En 1867, la peste bubonique a visité la province de Hindié pendant quatre mois..... L'année 1871 se montre autrement cruelle..... La peste ir [illegible]enne, partie de Hudavendighiar, s'abattait s[illegible] la capitale, en même temps que la peste bubonique envahissait le Kurdistan persan.

» En 1873, le choléra faisait une nouvelle irruption par Vidin et Roustchouk, pour semer le deuil dans les provinces de Roumélie..... En 1874, année funeste ! la peste bubonique attaquait l'empire, par trois points différents : Est, Sud et Ouest.

» En 1875, nous avons à signaler le choléra de Syrie et la famine d'une grande partie de nos provinces d'Asie. En 1876, c'était Bagdad...., la glorieuse capitale des Haroun-al-Raschild, qui devenait le champ d'invasion de la peste bubonique..... — Ainsi donc, cinq épidémies de peste bubonique, quatre épidémies de choléra, une épizootie meurtrière, une famine épouvantable...., voilà le triste bilan des quinze dernières années.... »

« C'est dans les malheurs publics, — ajoute, à ce sujet, le Dr Burggraeve, — qu'on doit aux gouvernants la vérité. Et, quant à nous, gens d'Europe, poursuit-il, qui assistons, en curieux, à ce duel (la guerre Turco-Slave) de deux pays séparés de race et de religion, nous devons prendre nos précautions contre l'invasion possible des fléaux qui ne cessent de régner en Orient, et qui, d'un moment à l'autre, peuvent nous atteindre.... »

XXIII.

« Beato il marito della donna dabbene — disait la sagesse antique, — perocchè sarà doppio il numero dei suoi giorni. La donna forte è la consolazione del marito. Dessa gli fa passare in pace i giorni di sua vita.

» Una donna buona è una buona sorte. Ella toccherà a chi teme Iddio, e sarà data all'uomo per le sue buone azioni. Ricco o povero, egli aurà il cuore contento, e la faccia lieta, in ogni tempo.

» La garbatezza della moglie diligente rallegra il marito. La morigenatezza di lei è dono di Dio. La donna giudiziosa, amante del silenzio, è cosa senza pari.

» Una donna santa e vereconda è grazia sopra

grazia. Non v'ha cosa di tanto valore che possa compararsi a quest'anima casta.

» Quello che il sole nascente è pel mondo, lo è l'avvenenza della donna virtuosa per l'ornamento di una casa. L'avvenenza del volto di una donna in ferma età, è lucerna che splende sul candelabro santo.

» I piedi che posano sulle piante di donna di animo grave, sono colonne di oro sopra basi d'argento. E come eterni sono i fondamenti gettati sopra salda pietra, così i commandamenti di Dio, sul cuore di donna santa. »

(*Ecclésiastique, Ch. XXVI.*)

XXIV

Depuis quatre mille ans les choses ont bien changé, et l'hypocrisie moderne professe d'autres sentiments. Voici à ce sujet l'opinion de *la France.*

« N'est-ce pas par le trafic, par la traite des femmes que se recrutent les harems et notamment ceux du Sultan? Est-ce que les harems ne sont pas l'esclavage des femmes? Est-ce que les hommes préposés à leur garde, ne sont pas la condamnation du gouvernement que ne révolte pas leur castration? — Qui la trouve toute simple et naturelle? Qui même la dignifie, puisque le grand Ennuque est le second personnage de l'Empire, ayant le pas sur le grand vizir, qui a le pas sur le vice-roi d'Egypte?

» Aussi longtemps, — poursuit cette feuille, —

que ces odieux attentats à la personnalité de l'homme et de la femme, aussi longtemps que ces crimes couverts par l'impunité, n'ont pas été dénoncés à l'attention des gouvernements, portée ailleurs, leur conscience a pu n'en ressentir aucun trouble ; mais ce qui a été possible dans le passé, ne saurait subsister dans l'avenir.... »

XXV.

La femme chrétienne est devenue, par l'imitation de Marie, un objet de respect et presque de culte pour l'homme, qu'elle domine de la supériorité de l'Ange..... la sainte Ecriture appelle cet état de la femme : « la grâce des grâces, celle de la Sainteté et de la pudeur : *Gratia super gratiam mulier Sancta et pudorata.* »

..... La femme chrétienne donne sa vie, dans les supplices du Cirque, en témoignage de la vérité : Félicité et Perpétue, Blandine, Théodore, Lucie, Cécile, Agnès, Agathe, Catherine et cent mille autres martyrs de ce genre dont les noms brillent au firmament étoilé du Christianisme, suffiraient pour démontrer la supériorité de la femme chrétienne, comme l'a prouvé, éloquemment, M. A. Nicolas, dans l'ouvrage cité.

XXVI.

« Les plus illustres pères de l'Eglise, — continue M. Nicolas, ont dû la foi qu'ils ont prêchée et soutenue à des mères chrétiennes qui les ont enfantés au Christianisme et à l'Apostolat, par l'instruction, par la prière et, souvent, par les larmes : St-Grégoire, St-Basile, St-Jean-Chrysostôme, St-Ambroise, St-Augustin sont de ce nombre. »

En dehors des pères de l'Eglise, nous citerons l'empereur Constantin, fils de Ste-Hélène ; Clovis, époux de Clotilde ; Napoléon Ier, fils de Marie-Letizia et dont le génie fut l'œuvre de la femme chrétienne. Hélas ! ces temps sont bien loin ! De nos jours, les enfants ne connaissent guère que la nourrice et le maître d'école..... Et nous appelons cela progrès !

XXVII.

« Lorsque les temps ont été accomplis, — dit St-Paul, — Dieu a envoyé son Fils, *fait de la femme : Factum est de muliere*. La femme avait été primitivement *faite de l'homme*..... De son rang de compagne, elle était devenue son esclave.

» Dans la restauration du genre humain, c'est l'Homme-Dieu qui est *fait de la femme*..... Le

Christianisme est donc fait de la femme, de sa chasteté, de son martyre, de sa charité, de son apostolat. »

(Ouv. cité.)

XXVIII.

Voici le portrait que M. le Curé de St-Jean-Baptiste, le Chanoine Rigo, nous fait de la jeune femme dont les romans font la lecture habituelle :

« Les romans lui eussent parlé jadis de galanterie, et cela aurait suffi pour l'égarer. Maintenant, ils mettent sous ses yeux la glorification de tous les crimes. Des scélérats, des femmes perdues, le vice impudent et cynique, sont offerts à son admiration, et elle les admire. Elle est initiée à tous les désordres de l'impudicité. Beaucoup de désordres qu'elle eût ignorés, si on se fût borné à la conduire dans le monde poli et élégant, deviennent familiers à son imagination. Elle n'a vraiment rien à apprendre. Désormais, son âme est souillée, flétrie, déshonorée devant Dieu, il ne lui reste plus qu'à se souiller devant les hommes et cela ne viendra peut-être que trop tôt.

» L'arbre est pourri intérieurement ; l'écorce est encore intacte ; mais vienne un coup de vent, viennent la tentation et l'occasion réunies, et l'arbre sera renversé. On dira : comment est-elle tombée? Comment est-elle passée tout d'un coup d'une vie régulière à un acte aussi scandaleux? — Cela n'a pas été le travail d'un jour.

Nous ne voyons, hélas ! que le dénouement ; mais depuis longtemps Satan était à l'œuvre et la créature de Dieu, qui aurait dû lui tenir tête, s'était mise d'accord avec lui, par la lecture des mauvais livres. »

XXIX.

M. le Chanoine Rigo appelle les auteurs de ce genre de littérature : *des empoisonneurs publics.* — Rien de plus vrai. Ces lectures ne pervertissent pas seulement les bonnes mœurs, mais elles altèrent le sens commun. Le professeur Broussais avait l'habitude de dire que la « lecture des romans fausse le jugement. » M. Th. Petetin, son contemporain, affirmait que « la rage de lire les romans consommerait la » ruine de la Patrie. »

XXX.

Voici, du reste, l'opinion du savant Bourdaloue sur ce sujet : « Rien n'est plus capable de corrompre la pureté du cœur humain que ces livres empestés. Rien ne répand dans l'âme un poison plus subtil, plus présent, plus prompt, plus mortel. Rien de plus funeste et qui doive être plus étroitement défendu. »

XXXI.

Le professeur Lisfranc soutenait la même doctrine, dans toutes les maladies des femmes, en général ; car il est démontré que ce qui tue l'âme, tue également le corps. C'est une loi morale aussi mathématique que les lois astronomiques.....

XXXII.

Le R. P. Henry professe que le Décalogue est la charte de l'humanité, consignée dans l'ancien testament; et le Syllabus, la constitution du catholicisme émanée du dernier Concile œcuménique. Quant à la première proposition, au point de vue social, je la crois sans objection. Pour ce qui a trait à la seconde, voici ma faible façon de voir :

XXXIII.

L'Eglise de Jésus-Christ, d'une part, et l'Etat laïque, de l'autre, constituent deux membres visibles d'un même corps dont la tête mystique remonte au Sauveur des hommes.

Le salut des sociétés civilisées consiste,

donc, dans l'entente de l'action directrice du pouvoir ecclésiastique et du pouvoir civil : l'un représentant la conscience ; l'autre, la volonté de l'humanité.

Je ne conçois, par conséquent, pas les hommes d'Etat qui prétendent devoir séparer deux choses, par elles-mêmes indivisibles, et ne formant qu'une seule unité. — En effet, le corps social, moralement divisé, constitue une monstruosité, sans analogue, dans la nature créée. — C'est pourquoi tout royaume, ainsi partagé, ne peut pas avoir de durée. — C'est pourquoi, aussi, en établissant que tous les maux qui affligent le genre humain proviennent principalement de notre ignorance en matière de religion, le R. P. Henry se trouve d'accord avec tous les moralistes anciens ou modernes. La preuve de cette vérité historique, il la trouve dans les fruits apportés aux nations modernes par les hommes d'Etat qui les gouvernent et dont le génie individuel ne sert qu'à accumuler ruines sur ruines.....

XXXIV.

« Les ennemis de la justice et de la vérité, disait Pie IX, en 1864, acharnés contre notre religion, trompent les peuples par des livres emportés, des opuscules et des journaux répandus dans le monde entier, et mentent malicieusement pour disséminer toutes les doctrines impies.... Certains hommes, animés et mus par l'esprit de Satan, nient encore de nos jours la divinité de Jésus-Christ.... Toute véritable félicité découle pour l'homme de notre auguste religion, de sa doctrine, de sa pratique, et bienheureux le peuple dont Dieu est le Seigneur.... La foi catholique est le fondement des royaumes.... »

XXXV.

A tous ceux qui douteraient encore qu'une nation sans Dieu, sans culte, sans lois morales, sans pratiques religieuses est une nation morte, Monseigneur Cotton, évêque de Valence, parle ainsi :

« Qu'avez-vous fait depuis quatre-vingts ans ? — Vous avez chassé Dieu de vos institutions ; quand vous n'avez pas persécuté l'Eglise, vous l'avez tenue à l'écart, ne lui donnant, avec parcimonie, que la part de liberté dont vous ne pouviez décemment la frustrer. — Vous avez demandé, à grands cris, la séparation de l'Eglise et de l'Etat; vous vous êtes mis en insurrection permanente contre les commandements de Dieu et vous en provoquez la violation. Vous signalez le clergé à la haine des peuples, et vous n'aspirez qu'au moment où vous pourrez déporter les prêtres et amnistier les assassins. Vous refusez aux catholiques le droit de faire élever leurs enfants dans la crainte de Dieu et dans le respect de l'autorité paternelle. C'est ainsi que vous marchez à la décadence.... Ce n'est pas l'Eglise qui vous y conduit ; ce sont vos idées révolutionnaires.

» Ce qui fait la supériorité des Etats hérétiques, ce n'est pas leur hostilité contre l'Eglise ; mais bien leur constance à garder quelques vérités fondamentales qu'ils ont reçues de l'Eglise. La Russie, l'Angleterre et l'Allemagne font profession d'adorer Dieu et de reconnaître ses commandements, comme base essentielle de leur législation. Au-dessus de l'autorité toujours discutable de l'homme, elles montrent à leurs sujets le Maître souverain de tous les hommes, le Juge suprême qui seul a le droit inaliénable de commander, d'être obéi et de demander compte à la créature intelligente des plus secrètes pensées de son cœur.

» Elles ne craignent pas de prescrire des prières publiques et des jeûnes aux jours inquiets de leurs luttes, ni de voter de solennelles actions de grâces aux jours glorieux de leurs victoires ; tandis que, parmi nous, les révolutionnaires éclatent en imprécations et en blasphèmes lorsque des législateurs chrétiens demandent à la nation de prier Dieu d'avoir pitié de nous. Oui, c'est là ce qui fait la force de ces peuples et leur assure une supériorité incontestable ; et tant qu'ils repousseront avec horreur les doctrines athées qui nous corrompent, ils auront le droit de rester nos maîtres. Mais que la révolution vienne à les envahir, vous les verrez aussitôt marcher rapidement à leur déclin et s'abîmer dans une ruine plus complète et plus irréparable que la nôtre.

» Ah ! si nous, peuple français, baptisé dans le Christ, nous qui possédons, avec les enseignements de l'Église, la plénitude de la vérité religieuse et sociale, nous dont le sol est fécond, dont les mains sont industrieuses, dont l'esprit est ouvert et le cœur généreux, si nous savions mettre en pratique les divines leçons de Celui qui est la résurrection et la vie, nous n'aurions plus de rivaux à craindre, et si, au lieu de refuser l'appui que le catholicisme nous offre, nous faisions de sa morale et de ses dogmes le premier article de nos constitutions, loin de tomber d'abime en abime, nous remonterions de gloire en gloire et de vertu en vertu. »

XXXVI.

« En vain, — s'écrie un auteur du dix-huitième siècle, — toutes les puissances de la nature s'uniraient-elles pour faire une plante, un œillet, une rose, un raisin, une fraise, avec leur forme, leur odeur et leurs qualités invariables, avec un germe capable de reproduire le tout et de perpétuer les espèces d'âge en âge..... sans qu'il s'en perde aucune, sans qu'il s'en fabrique de nouvelles !

» Toutes ces plantes nouvellement créées, — dit Pluche, — allongent leurs racines et vont chercher sous la terre des sucs nourrissants. Un froid aigu les empêche de s'exposer encore à l'action de l'air. Elles retiennent leurs fleurs et leurs paquets de feuilles sous d'épaisses enveloppes. Les bourgeons des unes sont pourvus, pour cela, de bourre et de duvet ; d'autres ont reçu des espèces d'écailles ou bien des coques de bois, ou de grosses feuilles qui les recouvrent en manière de tuiles, ou un enduit de sucs quelquefois gommeux, quelquefois gras et résineux. Toutes retiennent leurs bourgeons cachés sous ces abris. Le principe de vie qui les anime y demeure dans une espèce d'engourdissement, en attendant la chaleur de l'astre du jour....

» Avec quelle surprise, aux premiers âges du monde, ces plantes attachées à la surface de la terre ne voient-elles pas paraître une multitude d'êtres nouveaux, également pleins de vie, se transportant en différents lieux et capables, par là, de peupler toute la terre !... Ce furent autant d'ouvriers dispersés dans une immense manufacture. Les uns doux et traitables, les autres revêches et solitaires.... Dieu leur a prescrit leurs fonctions et leur a départi, à certaines fins, une mesure d'industrie....

» Ce serait une occupation digne des anges que de pouvoir sonder les intentions et les libéralités de la Sagesse éternelle par une étude suivie des particularités de tous ces animaux : leur naissance, leurs demeures, leur police, leur anatomie et les divers secours que nous pouvons en retirer.... Mais si nous voulions remonter jusqu'à la cause des existences, nous trouverions qu'il y a plus de 4000 ans, Moïse enseignait : que la matière et ses éléments, le ciel et toute sa parure, la lumière et l'atmosphère, l'excavation du bassin de l'Océan et l'exhaussement des montagnes, le soleil et tous les astres, les animaux comme les plantes, en un mot, tout ce qui est, doit son être et sa forme spéciale à une seule cause, à une intelligence éternelle qui, par autant de commandements, a assigné à chaque partie de la nature créée, sa place, sa vertu, ses organes, pour amener le tout, avec une persévérance infaillible, à la même fin qui est de rendre la terre habitable. »

(*Hist. du Ciel*, — 2 vol. in-12. Paris, 1739).

XXXVII.

Je ne saurais assez recommander au lecteur les vérités d'observation qui précèdent. Je ne saurais assez répéter, en effet, qu'il ne peut y avoir de sociétés possibles sans Dieu, ni de bonheur, pour l'homme, sans religion.

La science de Dieu est la clef de toutes les sciences, et tant que les hommes ne s'attacheront pas à son étude, comme au bien suprême, toutes les sciences humaines, en général, et la science politique, en particulier, seront le fléau du genre humain.

Il ne peut, en réalité, y avoir de bonne politique en dehors des lois de Dieu et de la morale éternelle, fondement de toutes les institutions durables.

XXXVIII.

En dehors de ces bases essentielles de tout ordre social, et à la vue des fléaux qui nous menacent, Monseigneur Guibert, cardinal-archevêque de Paris, s'exprime ainsi : « Il y a une conjuration contre l'Église catholique, conjuration inconsciente pour quelques-uns, mais certaine.... Il y a une logique du mal à laquelle on ne saurait se soustraire..... Nos adversaires arriveront donc probablement à la violence..... Ce sera pour eux le comble du déshonneur et pour nous le commencement de la victoire.

» Rappelons-nous 1871. Quels furent, alors, les vainqueurs et les vaincus ? Était-il vaincu cet archevêque de Paris qu'on a tué ? Sont-ce les généraux Lecomte et Clément Thomas qui sont les vaincus ? Sont-ce les ôtages ? Eh bien, voilà la victoire, et nous aussi, nous sommes sûrs de vaincre, parce qu'il nous suffit pour cela de mourir..... Et nous y sommes résolus, s'il le faut, parce que nous avons la confiance que Dieu nous en accordera la grâce. »

XXXIX

Parler de la sorte, c'est parler en chrétien, c'est penser en évêque. Malheureusement, cette charité angélique, dont Monseigneur Guibert donne l'exemple, ne fléchira pas les barbares de la civilisation.

Plus on leur fera de concessions et plus ils deviendront exigeants. Il n'y a qu'une façon de sauver encore la société expirante, c'est de rendre l'homme à lui-même, en éduquant les nouvelles générations d'une manière chrétienne et sous la direction de Dieu ! Nos adversaires font tout le contraire. En ceci, ils se montrent, dans la voie du mal, plus logiques que nous dans la carrière du bien. Dieu est, en effet, pour eux, le plus grand obstacle à la violation de toutes les lois divines et humanitaires. C'est le seul principe conservateur qui puisse les maintenir dans les bornes du devoir. Telle est la puissance de la vérité. Aussi ne veulent-ils plus de Dieu. Et, comme autrefois, à Jérusalem et à Rome, ils demandent que Dieu soit crucifié dans ses disciples : « *tolle, tolle, crucifice*... » Et, cependant, ils n'ignorent point que sans l'atmosphère religieuse l'homme périt asphyxié...

XL.

En parlant des devoirs, M. le Chanoine Rigo a soulevé une des plus grandes questions qui touchent à une époque aussi tourmentée que la nôtre.

« Vous devez, dit-il, professer les vérités révélées, sans jamais vous en écarter ; vous devez accomplir fidèlement les préceptes de Dieu sans jamais vous en dispenser. Sur ce terrain, il n'y a pas de transaction possible. Celui qui, en s'acquittant de ses devoirs, ne peut pas obtenir la paix, doit accepter la guerre, c'est-à-dire qu'il doit se résigner à souffrir. N'est-ce pas pour les cas de ce genre que notre Seigneur a dit : « Ne croyez pas que je sois venu apporter la paix sur la terre ; je ne suis

» pas venu apporter la paix, mais le glaive ; car » je suis venu séparer l'homme de son père, la » fille de sa mère, et la belle-fille de sa belle- » mère. Ainsi les ennemis de l'homme seront » les gens de sa propre maison. Qui aime son » père et sa mère plus que moi, n'est pas digne » de moi ; et qui aime son fils ou sa fille plus » que moi n'est pas digne de moi ». (Matth. 10, 34.)

XLI.

« Il est essentiel, — dit l'abbé Bautain, à ce sujet, — de mettre l'enfant en communication avec Dieu le plus tôt possible, par la simple annonce du nom divin faite avec foi. — Je me suis servi, à cet égard, du nom de l'Enfant-Jésus, avec le plus grand succès, comme Créateur de tout ce qui frappe les yeux de l'enfance et éveille sa curiosité.

» On ne saurait croire, — s'écrie le même auteur, — jusqu'à quel point les plus jeunes enfants peuvent déjà être disciplinés en résistant à propos à leurs exigences... Le meilleur résultat de ce commencement d'éducation, c'est de former l'âme enfantine à la règle, dès l'âge le plus tendre, et de lui apprendre à obéir en commençant à vivre....»

XLII.

Tous les moralistes chrétiens, en démontrant, dans l'intérêt de notre salut, la nécessité absolue d'observer fidèlement les commandements de Dieu, semblent avoir principalement en vue la vie éternelle. Je ne saurais admettre cette distinction. En dehors des lois morales préétablies, il ne saurait y avoir, pour nous, de bien nulle part.

XLIII.

Dans sa conférence du 5 mai 1876, M. le Chanoine Rigo, curé de St-Jean-Baptiste, en parlant du retour salutaire à la doctrine du Sauveur, s'attendrissait sur les heureux résultats obtenus, depuis deux ans, dans sa paroisse. S'estimant, cependant, insuffisant en sa qualité de pasteur, pour une tâche de cette importance, M. le Curé s'adressait à son auditoire et particulièrement aux femmes, afin que chacune d'elles lui vînt en aide, par l'exemple, la parole et les conseils dans le sein de leurs familles respectives.

Je ne saurais assez admirer tant de sagesse conforme à la parole du Sauveur ! C'est pourquoi, au titre d'apôtre et de prophète, que je lui donnais déjà, j'ajoute celui de *Bone Pastor*.

Afin de prouver en deux mots combien ce bon pasteur a raison, je citerai l'opinion de M. l'abbé Bautain : « Quand l'esprit chrétien ne domine plus les familles, le gouvernement qui les dirige est sans autorité, sans conscience sérieuse du devoir. Ce gouvernement passe alors entre les mains de ceux qui devraient obéir, à la honte des parents et pour la ruine des enfants. » — Ce que M. l'abbé Bautain dit des familles s'applique, par conséquent, aux sociétés comme aux individus qui ignorent Dieu et ses lois.

XLIV.

« Une création a eu lieu, dit D. M. J. Henry. Tout en proclame la vérité. La distance harmonique des astres, soumise à des lois mathématiques et que ne peuvent changer ni la masse, ni le volume des planètes, si différentes entre elles, n'est pas un accident fortuit. Les plus savants astronomes n'hésitent plus à le reconnaître.

» Si, quittant les astres qui peuplent l'espace, nous descendons sur notre globe, nous trouvons que le hasard n'est pour rien dans l'organisation des corps animés qui se meuvent à sa surface. En effet, si le rapprochement accidentel de certaines molécules de la matière, avait pu produire des myriades de corps organisés, l'organisation n'eût pas dû être la même pour tous, parce que le hasard ne peut se répéter sur des millions de points divers. Si l'influence de cette prétendue cause devait être suivie partout des mêmes effets, il est hors de doute que son action ne pouvait produire qu'une seule espèce d'êtres.

» Si pourtant cette même cause, le hasard, a pu produire cette variété d'espèces zoologiques poussée à l'infini, il devait, forcément, en résulter autant d'organisations différentes qu'il y avait d'espèces ; car la même modification qui déterminait la forme extérieure de l'espèce, devait en occasionner une semblable dans sa structure intérieure, et dans le système de son existence. Cependant il n'en est rien ; l'organisation est constamment la même, malgré les innombrables dissemblances de l'espèce dans les animaux vivants sur la terre, dans les airs ou dans la profondeur des eaux.

» Puisque dans toutes ces espèces, l'existence ne peut se conserver que par la libre et facile circulation d'un fluide, sans cesse entretenu par l'alimentation et la respiration, et que l'appareil de cette circulation, de cette alimentation, de cette respiration se répète, à de très légères modifications près, dans toutes les espèces si différentes des animaux terrestres, aquatiques et aériens, à sang chaud comme à sang froid, à faculté locomotive ou à vie immobile et végétale, il faut bien que cette organisation ait été moulée sur un type commun. Il faut également qu'une volonté puissante ait médité le problème de l'existence avec sa conservation et sa reproduction. Il faut que cette volonté ait combiné le système général de la vie et de son entretien en réglant le nombre et la disposition des organes qui concourent à ce but, en assignant la part de chacun d'eux dans l'ensemble des fonctions qui constituent la vie. Il faut qu'elle ait calculé leur force, leur résistance et leur action réciproque, en établissant leurs rapports mutuels et en prévoyant tout ce qui pourrait leur devenir obstacle. »

XLV.

C'est ainsi, par exemple, que cette volonté a disposé le savant mécanisme de la locomotion pour ceux qui en sont doués, de manière que — au moyen d'organes spéciaux — ils puissent pourvoir à ce qui, dans leur déplacement, aurait pu mettre en péril leur existence. — C'est ainsi que ces mêmes organes fournissent une huile synoviale qui facilite le glissement des surfaces osseuses l'une sur l'autre et en diminue le frottement.....

Mais qui pourrait donc raconter les merveilles de l'intelligence créatrice et de sa providence à cet égard ? Qui pourrait dire tout ce qu'elle a fait pour la conservation du mécanisme du corps humain en particulier ? C'est cette considération qui faisait dire à Saint-Augustin en parlant des hommes :

« Les uns admirent les révolutions diurnes » des astres ; d'autres la hauteur des monta» gnes, la profondeur des mers, la longueur » démesurée des fleuves ; et, s'oubliant eux» mêmes, ils ne s'admirent pas ! »

XLVI.

« Vous aurez beaucoup à faire de ce côté, — poursuit l'abbé Bautain ; car, dans notre siècle de lumières, l'ignorance des choses du ciel est incroyable. Au XVIIe siècle, les hommes et même les femmes de la haute société connaissaient parfaitement la doctrine catholique. Le grand Condé disputait aux soutenances de la Sorbonne. Aujourd'hui, ni à la Cour, ni à la ville, on ne se préoccupe de ces hautes pensées. C'est encore une conséquence de ce qu'on appelle la sécularisation de l'État, qui renferme le clergé dans ses temples et repousse son influence partout ailleurs. Comme si une société morale vivait uniquement des choses temporelles et que l'on pût exclure toute action du Ciel dans le gouvernement des choses de la terre.

» Cependant, un corps sans âme n'est pas un homme. Et, si vous admettez l'âme, il faut accepter, avec elle, tout ce qui sert à la nourrir et à la diriger. Or, l'âme de la société, c'est-à-dire sa partie religieuse et morale, ne vit pas plus de pain que celle des individus ; elle vit aussi de toute parole de vérité qui sort de la bouche de Dieu. Malheur aux nations qui n'en vivent plus ! — Elles sont des nations mortes.

» Il en est de même de la direction sociale. On ne va pas loin dans le gouvernement des hommes avec la loi civile et les gendarmes.

S'il n'y a, dans l'Etat, une influence plus haute, plus pénétrante qui agisse sur les consciences et les volontés, la société matérialisée sera en proie à la violence d'un seul ou de tous, au despotisme d'un dictateur ou à la tyrannie de la démocratie. Voilà où nous allons. L'âme s'est retirée de nos sociétés. C'est le corps qui y règne, et nous retombons sous les lois fatales de la nature, où la force fait le droit. » — C'est la dissolution sociale : le *jam fœtet* des nations modernes.

XLVII.

C'est surtout dans ces circonstances que les individus comme les nations ont besoin de recourir à Dieu par la prière. « Sur qui, — dit le Seigneur, — jetterai-je les yeux, sinon sur le pauvre qui a le cœur brisé, et qui écoute mes paroles avec crainte et tremblement ? » (Isaïe, — 66. 2).

« Le pauvre, dans le sens du prophète, dit M. le curé Rigo, c'est l'homme qui n'aperçoit rien en lui-même dont il puisse se glorifier. Il se voit nu, dépouillé de toute vertu, de tout mérite, incapable même, dans l'ordre temporel, de rien accomplir si Dieu ne l'assiste. Il ne se contente pas de reconnaître devant Dieu sa pauvreté, mais il a le cœur brisé par le souvenir de ses fautes. Il les déplore, et avant de former aucune autre demande, il supplie le Seigneur de les lui pardonner....

» Cette connaissance de soi-même, cette contrition, cette crainte du jugement de Dieu, tout cela fait partie de l'humilité nécessaire à l'homme qui invoque le secours du Ciel. Car, si je m'anéantis devant Dieu en reconnaissant qu'il est tout et que je ne suis rien...., j'aurai soin de conformer ma volonté à la sienne....

» C'est donc dans notre intérêt que Dieu nous impose l'obligation de la prière, qu'il nous exhorte à prier sans cesse et à prier comme il faut pour être exaucé. » — Ce que M. le curé Rigo dit de la prière peut s'appliquer à tous les commandements, à toutes les lois de Dieu, sans exception. Ils ont été faits dans notre unique intérêt. La béatitude consiste à s'y conformer. L'homme ne s'en écarte que par la plus déplorable ignorance. C'est cette ignorance qui est la source de tous ses maux....

XLVIII.

M. Dumas, de l'Institut, en parlant de M. Guizot, s'exprime ainsi sur les tendances déplorables de notre temps :

« Chrétien, M. Guizot s'était affligé des tendances qui se révélaient autour de lui, comme conséquence de la philosophie du siècle dernier; homme d'État, il s'en était effrayé, convaincu que sans religion, il n'y a ni sécurité pour le faible, ni frein pour le fort, ni lien pour les familles, ni durée pour la société. Les luttes qu'il avait soutenues en faveur de la liberté politique et pour le maintien de l'ordre social selon la loi, lui avaient appris ce que valent la foi et la liberté chrétienne pour la sauvegarde de la société menacée ; il se portait à leur défense avec la plus vive ardeur !....

» De grandes découvertes, — continue M. Dumas, — ont enrichi les sciences ; on a dit même qu'elles touchaient enfin aux limites qui ont séparé jusqu'ici la matière de l'esprit. Il n'en est rien. L'astronomie, il est vrai, ne représente plus le firmament comme une voûte solide, sur laquelle seraient fixées les étoiles ; ses instruments et ses calculs plongent dans ce vaste univers ; la mécanique ouvre, à travers les isthmes et les montagnes, des chemins au commerce des nations ; la physique transporte la pensée sur les ailes de l'électricité, d'une hémisphère à l'autre avec la vitesse de l'éclair ; la chimie pénètre, par son analyse, jusqu'aux profondeurs extrêmes des cieux et reproduit par ses synthèses les parfums les plus suaves ou les nuances les plus délicates des fleurs qui ornent la terre ; cependant l'espace, le temps, le mouvement, la force, la matière, la création de la nature brute et le néant demeurent autant de notions primordiales dont la conception nous échappe.

» La physiologie, de son côté, nous montre les plantes préparant, sous l'influence du soleil, les aliments des animaux ; la destruction des animaux restituant aux plantes les principes dont elles se nourrissent ; la matière minérale formant la trame des matières organiques sous l'influence de la vie ; mais elle ne sait rien de la nature et de l'origine de cette vie qui se transmet mystérieusement de génération en génération, depuis son apparition sur la terre; d'où elle vient, la science l'ignore; où va la vie, la science ne le sait pas, et, quand on affirme le contraire, en son nom, on lui prête un langage qu'elle a le devoir de désavouer.

» M. Guizot a défendu le christianisme contre un scepticisme spirituel et frondeur; il a laissé à d'autres, parmi vous, qui ne failliront pas à la tâche, le soin de défendre la personnalité de l'âme humaine contre le flot grossissant de la philosophie de la nature. Le matérialisme d'Empédocle, revêtu de la poésie brillante de Lucrèce, s'était éclipsé dès l'apparition de la morale chrétienne; il reparait, après deux mille ans, rajeuni par une interprétation contestable des découvertes de la science moderne. De même que le corps de l'homme se fait par des transformations de la matière, on veut que la vie naisse et que la conscience se produise par de simples transformations de la force. De même qu'après la mort, le corps de l'homme retourne à la terre, d'où il est sorti, on veut que la vie et la conscience aillent, en même temps, se perdre et se confondre dans l'oubli du vaste frémissement des mouvements secrets qui agitent l'univers.

» Naitre sans droits, vivre sans but, mourir sans espérance, telle serait notre destinée, suffisante, peut-être, à la satisfaction de la difficulté vaincue par l'orgueil, mais dont l'ensemble des hommes ne se contenterait pas.

» A travers les succès et les mécomptes, les

victoires et les défaites, en présence de grandes vertus et de tristes défaillances, l'Europe chrétienne poursuivant son but, depuis seize cents ans, a fait prévaloir ce qu'on n'avait connu dans aucun pays, chez aucun peuple, dans aucun temps, le droit de tous les hommes à la justice, à la sympathie, à la liberté..... Sous la nouvelle loi morale,..... le droit n'a plus abdiqué devant la force, la justice s'est étendue sur toutes les nationalités, la sympathie n'a plus tenu compte de la couleur des hommes; la liberté a relevé les castes et les races déchues; le plus humble s'est vu protégé par son origine divine, et le plus grand s'est senti responsable devant l'éternité. La religion, la morale, la civilisation de l'Europe reposent sur cette base ferme du droit de tous les hommes à la justice, à la sympathie, à la liberté, œuvre du christianisme; ceux qui possèdent ces grands biens les conservent, ceux qui en sont encore privés en seront dotés à leur tour par le vrai progrès de la politique; en même temps, la fièvre passagère de la pensée scientifique en travail d'enfantement qui menace ces fortes doctrines et qui n'a rien pour en tenir lieu, s'apaisera comme elle s'est apaisée en des temps éloignés.

» Rappelons-nous que, dans un moment d'enthousiasme juvénile et politique, Virgile, enclin par la douceur de son génie à un éclectisme bienveillant pour toutes les opinions, a pu s'écrier : « Heureux celui qui a pu remonter au » principe des choses et fouler aux pieds les » vaines terreurs et l'inexorable destin.... Heu» reux aussi celui qui connaît les dieux.....» —

La pensée de l'auteur des *Géorgiques* ne décide point entre le matérialisme de Lucrèce et la croyance aux dieux de l'Olympe ; elle laisse la question indécise ; aujourd'hui la science humaine, plus avancée, sait du moins qu'elle ignore le principe des choses et il ne semble pas, jusqu'ici, qu'elle ait reçu la mission de révéler les dieux ou de peser l'âme humaine à sa grossière balance, ni qu'elle ait reçu pouvoir de garantir aux peuples leurs droits à la justice, à la sympathie, à la liberté. »

XLIX.

« Aujourd'hui, — dit M. Paul de Cassagnac, — l'Université ne répond plus au sentiment de la généralité des Français et se localise dans le matérialisme et l'athéisme. C'est là le danger de ce monopole qui a été combattu par des hommes politiques de tous les partis comme une oppression pour les consciences : MM. de Talleyrand, Ledru-Rollin, Duchâtel, Montalembert, de Gasparin, Guizot, etc.

» M. Thiers, lui-même, a déclaré — dans une lettre écrite en 1848 à M. Madier de Montjau, — que le salut était uniquement dans la liberté de l'enseignement.

» Un grand nombre de professeurs de cette Université ont exprimé des opinions telles, que beaucoup de pères de famille peuvent en concevoir de justes défiances. Que ces opinions puissent être enseignées, soit ! mais que ce ne soit pas aux frais de l'Etat.

» Et les élèves de l'Université ? — On a vu, à propos de l'enterrement de M. Michelet, des étudiants se réunir et transformer les funérailles en une manifestation haineuse contre la religion ; on a vu germer parmi eux l'idée d'un congrès international, et on a entendu proposer de tendre la main aux étudiants allemands par dessus les ruines de Strasbourg.

» Les preuves en ont été publiées dans certains journaux qui considèrent les républicains de la Chambre comme de simples réactionnaires. C'est dans l'ordre. Après Danton, Robespierre. On en est en ce moment à Danton, moins l'audace.

» C'est le congrès de Liège qu'on voudrait recommencer, ce congrès où figuraient plusieurs étudiants frappés par le Ministre de l'Instruction publique d'alors ; ce congrès où les discours respiraient la haine la plus violente de la religion et de la société ; où l'athéisme le plus absolu était proclamé ; où l'on faisait appel à la force pour la destruction de la religion et de la société.

» Or, l'un des orateurs les plus violents du congrès de Liège, siège, aujourd'hui, sur les bancs de la Chambre. » — M. Paul de Cassagnac déclare qu'il se refuse à comprendre l'idée de la patrie comme elle a été affirmée au congrès de Liège et à l'enterrement de Michelet. L'idée de patrie pour lui est indépendante de la forme du gouvernement.

« Il y a pour relever notre pays, continue-t-il,

d'autres moyens que le monopole universitaire ; les peuples qui progressent sont ceux qui sont animés par la foi religieuse. La France se relèvera par la foi ; il n'est pas nécesaire de l'imposer, mais il faut au moins la permettre.

» La persécution n'est plus du côté du catholicisme, si elle y a jamais été ; elle est du côté de la libre-pensée. La Congrégation de l'Index n'est plus au Vatican ; elle est au banc des ministres. Et si Voltaire revenait, il n'aurait plus à défendre que des prêtres chassés et égorgés. »

L.

Voilà ce qui se dit vainement, depuis plus de cinquante ans, à la tribune de nos parlements, au sein de nos académies et du haut de nos chaires sacrées. Est-il, cependant, rien de plus simple à comprendre que la question d'élever les enfants (êtres essentiellement éducables) d'après les lois humanitaires de leur nature ? Y a-t-il quelque chose de plus aisé à saisir que la nécessité d'élever l'homme (être essentiellement doué de religiosité) d'après l'enseignement religieux ? Et, alors même qu'il se rencontrerait des gouvernements assez aveugles pour rejeter l'enseignement religieux ayant pour lui l'autorité divine — c'est-à-dire celle de la révélation — serait-ce une raison suffisante pour que le père de famille le rejetât de même, contrairement aux intérêts les plus chers de ses enfants ? Et, en admettant qu'il pût y avoir des gouvernements, assez ennemis d'eux-mêmes, pour rejeter, dans l'enseignement religieux, l'autorité divine, serait-ce une raison suffisante pour rejeter, également, l'autorité naturelle, autorité scellée d'un caractère divin, dans le code des lois qui président à la vie de tous les êtres créés ?

Qui pourra donc expliquer la démence des hommes d'Etat de notre temps à ce sujet ? Comment ? Vous prenez tant de peine, afin de cultiver, chez l'enfant, la moindre apparence de vocation : marine, commerce, industrie, toge, barreau, armée, médecine, chirurgie ou pharmacie ! — Vous cultivez, avec un indicible soin, les facultés exceptionnelle de la peinture, de la musique, de la statuaire, des mathématiques, etc., etc. ! — et, vous négligez, de parti pris, les seules facultés essentielles à l'homme, communes à tous les enfants, sans distinction, et qui sont : la foi, la conscience, l'espérance et la charité !!!

Non ! votre aberration dépasse toute prévision. Elle ne peut s'expliquer que par la dernière dégradation de la raison humaine, et, en admettant que les nations gouvernées de la sorte, sont des nations mortes à la vie sociale, des nations dégénérées, en proie à tous les fléaux et sur la pente de la plus hideuse barbarie.... *sub stratis animalium.*

LI.

En parlant du mystère de la Résurrection, Saint-Grégoire-le-Grand s'exprime ainsi :

« Comment l'homme peut-il renaître de la poussière ? Comment la terre peut-elle devenir animée ? Nous répondrons en peu de mots, ajoute ce grand Pontife : C'est à Dieu, un moindre ouvrage de rétablir ce qui a déjà été, que de créer ce qui n'était point. Et, il n'y a pas de quoi s'étonner s'il forme l'homme de la poussière, encore une fois, Lui qui de rien a tout fait en un moment. Car, c'est une merveille bien plus étonnante d'avoir créé le ciel et la terre, lorsqu'il n'y avait encore rien qui lui pût servir de matière, que de rétablir l'homme avec cette même terre dont il a été déjà formé.

» Mais, ne considérant que cette simple poussière, on ne peut croire qu'elle puisse redevenir chair ; et l'on veut comprendre par la raison, la vertu et l'opération divine ! Les gens charnels raisonnent ainsi, dans leurs pensées, parce que les miracles que Dieu opère tous les jours, pour être trop fréquents, leur ont tourné à mépris, et ils ne considèrent pas que, dans un petit grain de semence, tc te la grandeur de l'arbre qui doit en sortir y est renfermée....

» Considérons, maintenant, en quelle partie de cette petite graine est cachée la dureté du bois, la rudesse de l'écorce, la force de l'odeur et de la saveur, l'abondance des fruits, la verdeur des feuilles.... Car ces choses sont toutes dans la semence, quoiqu'elles n'en sortent que peu à peu et par des accroissements insensibles.... Du grain qui est mis en terre, il en sort premièrement une racine ; de cette racine naît une tige ; de cette tige s'élèvent des branches ; ces branches poussent des fruits ; et ces fruits produisent aussi de la semence. Mais disons encore plus : la semence même est cachée dans la semence.

» Y a-t-il donc lieu de s'étonner si de la terre et de la poussière, Dieu en tire, un jour, des os, des nerfs, de la chair et des cheveux ; puisqu'il fait sortir, tous les jours, d'un petit grain de semence le bois, le fruit et les feuilles des plus grands arbres ?

» Ainsi, quand l'esprit étant plein de doute, cherche les raisons de la Résurrection, il lui faut proposer des difficultés sur les choses que l'on voit se faire tous les jours, dans la nature, et que, néanmoins, la raison ne saurait comprendre ; afin que, n'étant pas capable de comprendre les choses qu'il croit sans peine, il ne fasse pas de difficulté de croire aux promesses de la Puissance divine qu'on lui fait entendre.

» Ce sont ces promesses constantes et solides que vous devez, mes très chers Frères, considérer en vous-mêmes. Quant à toutes les choses qui passent, avec le temps, vous devez les mépriser, comme si elles étaient déjà passées. »

(*Homélies de Saint-Grégoire-le-Grand, traduites en français*, in-8°. Lyon, 1692.)

LII.

En prêchant l'Evangile selon Saint-Marc, au chapitre 16, le même Docteur s'exprime ainsi :

« Après avoir reproché aux apôtres leur dureté, le Sauveur ajoute : *Allez-vous-en par tout le monde prêcher l'Evangile à toutes créatures.* Est-ce à dire, mes Frères, que le Saint Evangile devait être prêché aux créatures inanimées, ou aux bêtes brutes ? Non, certes ! mais ces paroles *à toutes créatures* ne nous marquent rien que l'homme. Car, les pierres ont l'être, mais elles n'ont pas la vie. Les plantes et les arbres ont l'être et la vie, au moins la végétative, mais elles n'ont pas le sentiment, Les bêtes ont l'être, la vie et le sentiment mais elles n'ont point de discernement et de raison. Et les anges ont l'être, la vie, le sentiment et la raison. L'homme a donc quelque chose de toutes les créatures ; car, l'être, lui, est commun avec les pierres, la vie avec les arbres, le sentiment avec les animaux, et l'intelligence avec les anges.

» .... L'on peut aussi par ce mot de *toutes créatures*, entendre toutes les nations des gentils. — Car, le peuple d'Israël avait, d'abord, dédaigné la doctrine de l'Evangile.....»

LIII.

Montesquieu, l'auteur de l'*Esprit des Lois*, a jugé fort sensément les avantages que procure aux mortels la science religieuse, renfermée dans l'Evangile :

« Chose admirable, disait-il, la religion chrétienne, qui ne semble avoir d'objet que la félicité de l'autre vie, fait encore notre bonheur dans celle-ci. »

LIV

« Il n'y a que la vérité qui persuade, — disait Fontenelle — même sans avoir besoin de paraître avec toutes ses preuves. Elle entre si naturellement dans l'esprit, que quand on l'apprend, pour la première fois, il semble qu'on ne fasse que s'en souvenir. » Rien de plus vrai que la remarque de l'auteur de la *Pluralité des mondes* à cet égard. Cela tient, en effet, à la nature humaine. C'est ce sentiment du vrai que Descartes compare à la *marque de fabrique*, et que la sagesse antique appelle : *le cachet de Dieu*, « *signum vultus tui.* » — C'est cette même intuition de la vérité que Voltaire traduisait ainsi, dans ses derniers jours :

O Dieu qu'on méconnaît, ô Dieu que tout annonce,
Entends les derniers mots que ma bouche prononce ;
Si je me suis trompé c'est en cherchant ta loi ;
Mon cœur peut s'égarer mais il est plein de toi.

Instruit par l'expérience, le sceptique Diderot, lui-même, s'écriait dans son *Interprétation de la nature :* « O Dieu, je ne sais si tu es, mais je penserai comme si tu voyais dans mon âme, j'agirai comme si j'étais devant toi ! »

LV.

« La nature, — dit Buffon, — n'est point un être, car cet être serait Dieu. La nature est le système de lois établies par le Créateur.

» Les vérités de la nature, poursuit-il, ne devaient paraître qu'avec le temps, et le Souverain-Etre se les réservait comme le plus sûr moyen de rappeler l'homme à Lui, lorsque sa foi, déclinant dans la suite des siècles, serait devenue chancelante ; lorsqu'éloigné de son origine, il pourrait l'oublier ; lorsqu'enfin, trop accoutumé au spectacle de la nature, il n'en serait plus touché et viendrait à en méconnaître l'Auteur. Il était nécessaire de raffermir de temps en temps et même d'agrandir l'idée de Dieu dans l'esprit et dans le cœur de l'homme. Or, chaque découverte produit ce grand effet, chaque nouveau pas que nous faisons dans la nature nous rapproche du Créateur. Une vérité nouvelle est une espèce de miracle ; l'effet en est le même, et elle ne diffère du vrai miracle qu'en ce que celui-ci est un coup d'éclat que Dieu frappe immédiatement et rarement, au lieu qu'il se sert de l'homme pour découvrir et manifester les merveilles dont il a rempli le sein de la nature, et que, comme ces merveilles s'opèrent à tout instant, qu'elles sont exposées de tout temps, et pour tous les temps, à sa contemplation, Dieu le rappelle sans cesse à *lui*, non seulement par le spectacle actuel, mais encore par le développement successif de ses œuvres. »

LVI.

«..... Ce sens intérieur du divin, qui vit et palpite au fond le plus secret de nous-mêmes, ajoute M. Caro, on peut l'étourdir, le troubler, le paralyser dans un individu ou dans un groupe d'individus. Mais, qu'est-ce que cela ? Que sont ces crises momentanées et ces surprises passagères de quelques âmes au prix de l'humanité ? Que sont ces défaillances et ces éclipses de l'idée divine au prix de l'histoire du monde ? Une tempête a passé sur nous, elle a voilé à nos yeux la face du Ciel ; une sorte de nuit lugubre s'est faite ; mais ne savons-nous pas que cette obscurité ne durera pas ; que ce qui va revivre, ce qui durera, c'est la clarté.

» Interdire à l'homme l'idéal et le divin, c'est le jeter en dehors de l'humanité. On n'y parviendra pas, parce que l'on ne pourra jamais déposséder l'homme de lui-même, et que la partie la plus intime, la plus vivante, en lui, est celle par laquelle son intelligence se sent en rapport avec la pensée divine, la bonté parfaite et l'amour infini. »

(*Problèmes de morale sociale.* — Hachette), 1876.)

LVII.

« Une tempête affreuse, dit Pie IX, s'est levée ; les fléaux se sont multipliés. En voyant le ciel couvert et les nuées menaçantes ; en entendant le bruit de la foudre qui réduit en cendres, l'effroi a été tel, que tous les catholiques de l'Allemagne se sont levés, demandant à Jésus-Christ, comme autrefois les apôtres : *Domine, salva nos, perimus*...... — Mais la persécution que Dieu a permise, a réveillé, de leur sommeil, une foule de chrétiens qui reposaient trop tranquilles, pendant qu'ils auraient dû veiller ; ce qui fait qu'on pourrait leur dire ce que l'apôtre St-Paul disait aux catholiques de son temps : *inter vos.... dormiunt multi.* »

LVIII.

« Mes pensées ne sont pas vos pensées, et mes voies ne sont pas vos voies, » a dit le Seigneur. C'est pourquoi Saint-Grégoire-le-Grand nous instruit en ces termes :

« Depuis que nous sommes tombés par le péché, nous ne sommes plus ce que nous étions, lors de la création de notre nature. Ce que nous avons fait, depuis, est bien différent de ce que nous avions été destinés à faire. Renonçons-nous, donc, nous-mêmes, relativement à ce que nous sommes devenus par le péché ; mais, par contre, restons ce que la grâce d'en haut nous a faits.

» Ainsi, quand le superbe, converti à Jésus-Christ, devient humble — *humilis corde* — c'est qu'il s'est renoncé lui-même ; quand l'impudique change sa vie impure en une vie chaste, il renonce à ce qu'il a été pour devenir un homme nouveau ; quand l'avare cesse de convoiter, avec ardeur, les biens de la terre, et que, au lieu de ravir le bien d'autrui, il donne le sien, il se renonce, réellement, lui-même.

» C'est ce que Saint-Paul appelle : « mourir à » soi-même, pour vivre en Jésus-Christ. »

» Car, encore qu'il soit le même homme, selon la nature, il n'est plus le même selon le péché... parce qu'il s'est dépouillé du vieil homme. D'où vient qu'il est écrit dans les proverbes : « Changez les impies et ils ne seront plus. » Non qu'ils cessent d'être, selon leur existence naturelle; mais bien parce qu'ils cessent d'être dans le crime de leur impiété. »

LIX.

C'est là le plus grand miracle de la religion chrétienne ; c'est là le prodige qui frappa le plus les doctes pharysiens, contemporains du Sauveur. En effet, si dès ce monde de corruption, l'homme de bonne volonté peut être entièrement changé et transformé par la parole, que sera-ce dans une autre vie, dans un autre monde, après la mort et la résurrection ?

« Nous nous renonçons, donc, à nous-mêmes, continue le Saint Pontife, quand nous quittons la vie que nous menions auparavant et que nous nous efforçons d'entrer dans la vie nouvelle pour laquelle nous fûmes créés, et à laquelle nous sommes appelés par Jésus-Christ notre Sauveur. »

C'est la conséquence mystérieuse de ce fait que Catherine II, impératrice de Russie, attribuait à l'inoculation de la nature humaine, dégénérée, par le levain du baptême chrétien ! C'est cette même considération qui faisait dire au prophète Jérémie, six cents ans avant la venue de Sauveur :

« J'ai prêté l'oreille et j'ai écouté. Personne ne parle comme elle doit ; personne ne rentre en elle-même et ne dit : qu'ai-je fait ? »

LX.

Ainsi que le fait observer M. l'abbé Bautain, l'homme ne saurait donc apprendre, ni assez jeune, ni assez tôt, les vérités religieuses, comme les seules qui puissent lui servir de guide en ce bas-monde.

Dans cette vie terrestre, je ne connais qu'un vrai trésor : c'est « l'instruction religieuse. »

Cette instruction est la seule, en effet, qui puisse nous préserver de l'oisiveté et des vices qui en émanent. Une expérience de douze lustres m'a démontré l'évidence de cette vérité et m'a appris à apprécier davantage les trésors renfermés dans l'instruction religieuse.

LXI.

Il a été dit et répété, de tout temps, que l'instruction, sans l'éducation, ne fournit à l'homme que de plus grands moyens de nuire. A tous les âges de la vie, nous pouvons, cependant, remédier, en partie, à cette regrettable lacune de l'enseignement. Si, au lieu de lire presqu'exclusivement des journaux ou des romans, nous faisions une lecture, par jour, des Evangiles, des épitres des apôtres, de l'histoire ancienne ou moderne, des livres de Moïse, de David, de Salomon, des prophètes d'Israël, etc., nous y trouverions une source réelle d'instruction et d'éducation, à la fois, le criterium moral, le tact, le bon sens et la droite raison..., éléments indispensables à l'existence de l'homme sur la terre.

La religion adoucit toutes les douleurs. Elle met le comble à toutes les joies. Il ne saurait y avoir de bonheur ni de bien sans elle.

LXII.

L'ignorance religieuse chez l'homme réalise, de nos jours, le mythe de Saturne dévorant ses propres enfants. La science religieuse, au contraire, rappelle, chez la femme chrétienne, la vierge Vesta fécondant l'esprit humain, par le feu sacré de la morale universelle, cette grande loi des intelligences.

Entre ces deux états, le Créateur nous a laissé le choix. Mais, si Dieu lui-même cesserait d'être juste, sans la charité ou la religion qui est son essence, comment peut-il être possible aux hommes de marcher dans les voies de la Justice, sans religion ou sans charité ?

Cependant, il est, ici-bas, des intelligences qui adoptant la cosmogonie de Lucrèce ou celle d'Epicure prétendent descendre des animaux, du hasard, ou de la matière, sans se douter que la nature entière les désavoue. — Il n'est pas d'animal, en effet, de plante, de poussière ou de matière inerte qui ne glorifie Dieu à sa manière.

Tous les éléments, ou leurs composés bénissent le Créateur.

L'homme sans religion est donc au-dessous de l'animalité et de la matière. — Il n'est plus rien qu'un être malfaisant.

LXIII.

Jetés sur cette frêle embarcation que nous appelons la terre, notre principale occupation, en dehors de Dieu, est celle de nuire. — Nous y vivons comme l'équipage d'un navire en révolte contre l'autorité du capitaine. Nous y sommes à l'état de guerre civile, nous tuant les uns les autres, soit en détail, soit en bataille rangée.

Je considère, en effet, les guerres internationales comme de véritables guerres civiles entre les enfants d'un même Dieu, d'un même Père, d'une même cité, d'une même province, d'une même famille ; c'est toujours l'histoire de Caïn et d'Abel.

Nous différons, en ceci, des animaux les plus féroces qui, même poussés par la fureur de la faim, savent se respecter, entre eux, et éviter de se nuire....

Nous prouvons bien par là que : « recouverts de » la peau de l'agneau sans tache par le Sacrement » du baptême, nous n'en restons pas moins, au » dedans, bien au-dessous des loups ravisseurs, » et que nous méritons le nom de ces hypocrites contre lesquels le Sauveur lança l'anathème.

LXIV.

Rien ne s'attache davantage à la vertu que la calomnie. Rien ne suit de si près la vérité que l'erreur. Rien de plus contagieux et délétère que le mensonge. Mais « heureux ceux qui souffrent » la persécution pour la justice, la vérité et la » vertu ! »

LXV.

« La religion, disait Monseigneur Darboy, fait vivre les sociétés, l'irréligion les tue. Les peuples meurent de vice comme les individus, et quand ils sont atteints de vice, ils meurent de faim. A quoi bon se le dissimuler ? En l'absence de la vraie foi, l'exacte notion des droits et des devoirs s'altère, graduellement, dans les consciences où Dieu se retrouve à peine. Or, là où Dieu n'a plus que des droits oubliés et trahis, l'homme n'a plus que des devoirs problématiques ou même imaginaires, et quand l'homme n'a plus que de tels devoirs, la société devient un affreux pêle-mêle d'intérêts ardents et menacés, d'intelligences qui cherchent leur route et de volontés qui brisent tous les freins. Alors, il ne faut qu'un de ces mille accidents dont la vie des peuples est remplie pour que le désordre passe des idées dans les faits, pour que la société, ne sachant, ne voulant ou ne pouvant pas défendre ce qui s'en va, présente les armes à ce qui veut venir, et qu'ainsi, au cri d'un *sauve qui peut* funèbre, tout un ensemble d'institutions s'abime dans un suprême écroulement. (*Œuvres pastorales*, T. I., pag. 329).

LXVI.

Voici comment s'exprime, là-dessus, Mgr l'Evêque de Nimes dans sa lettre pastorale du mois de décembre 1870 :

« Les anciennes universités, dont notre France s'enorgueillissait, ont été fermées par la Révolution. L'Université, rétablie en 1808, par Napoléon Ier, n'en a conservé que le titre. Cette institution nouvelle avait, néanmoins, pour fondement, l'enseignement de la religion catholique.

» La tempête révolutionnaire n'a cessé de gronder autour des chaires de l'Etat. L'Etat n'a pas su les maintenir dans l'assiette de la foi chrétienne. Comment l'aurait-il fait, quand il n'a pu se défendre lui-même, quand les dynasties, les gouvernements, les institutions, les lois, les mœurs sont emportés, chaque jour, dans cette révolution qui continue, ce semble, pour ne plus finir ?

» Je n'accuserai pas l'Université d'avoir donné ce branle à notre siècle. Le cabaret, le théâtre, la mauvaise presse, les sociétés secrètes, ont joué le premier rôle. Les grandes écoles de l'Etat suivent plutôt qu'elles n'entrainent. Elles offrent l'image trop fidèle de l'opinion qui domine.

Elles n'ont guère cessé de payer un large tribut aux erreurs et aux faiblesses du temps. Au lieu d'enseigner, elles écoutent ; au lieu de commander, elles obéissent. . . . .
. . . .

» Nous avons obtenu, enfin, la liberté de l'enseignement pour compléter l'œuvre de l'éducation. Nous avons obtenu la permission d'ouvrir des écoles où les sciences naturelles et physiques, les lettres, la médecine, le droit, commandés par la théologie, comme leur maîtresse et leur reine, seront enseignés avec cet esprit ferme et sûr qui vient de la religion même et que rien ne saurait remplacer. Il nous faut plus que des hommes de foi, il nous faut des institutions fondées sur la foi... Ce n'est pas seulement, le mal à prévenir, l'erreur à chasser, c'est le bien à faire et la vérité à enseigner au monde.....

» Quand nous enseignons l'astronomie, c'est pour aller, par delà les cieux, nous asseoir sur la dernière étoile et saluer, encore au-delà, le Suprême Ordonnateur des mondes. La plus humble fleur renferme, pour le botaniste chrétien, des sujets d'admiration et de reconnaissance qui échappent à la science de l'impie. Avant de professer la géologie, l'ethnographie, l'histoire des peuples perdus ou des civilisations enfouies, il faut apprendre à professer, pour nos saintes Ecritures, un respect qui préserve des jugements téméraires et qui sache attendre une solution mise en harmonie avec la Bible. La modestie qui sied à des sciences si jeunes encore, rehaussera nos études. Elle fera voir comment on mérite le titre de savant en croyant à Dieu et en doutant de soi-même.....

» L'enseignement de la médecine a plus dévié que les autres. Quant le matérialisme n'avait plus d'organes, dans la philosophie moderne, il se conservait dans certaines écoles de médecine avec l'espoir de reparaître au grand jour. Ce jour affreux, nous l'avons vu, et nous avons pu mesurer l'étendue du péril social.

» Des dictionnaires, jusque-là sans danger, sont devenus comme le poison quotidien des jeunes étudiants. Dieu a été banni de leur cœur, l'existence de l'âme mise en doute, la liberté humaine méconnue, et la responsabilité morale n'est plus qu'un mot vide de sens..... Les ravages causés par tant d'impiété ont éclaté à tous les yeux.

» En songeant aux jeunes gens qui se perdent avec de telles doctrines, on est saisi d'épouvante. Ces jeunes gens en perdront d'autres. Des médecins sans foi sont des médecins sans conscience. L'art de guérir les corps, confié à de telles mains, finirait par corrompre les âmes..... Nous dirons à ces frères séparés : « Souvenez-vous d'Ambroise Paré et de sa devise : *Je le pansay, Dieu le guairit.* » Nous dirons aux citoyens encore jaloux de la grandeur de la Patrie : « Aidez-nous à combattre le matérialisme qui déshonore la France. Pour la France, s'il vous plait ! »

(Extrait de la *Défense Sociale et Religieuse*, 15 décembre 1876.)

LXVII.

« Ce touchant faisceau de douleurs et d'affections, qui se nomme la famille, se resserre dans les bras du Christ. Non-seulement il en unit les membres, mais il les protége tous par un respect créé pour les couvrir. Il multiplie les berceaux, dans les maisons où il règne ; et, après avoir veillé sur les sources de la vie, le Christ garde les nouveaux-nés, même quand leur mère ne les garde point !

» C'est lui qui a fait de l'enfant un être touchant et sacré. Tel qui insulte le Christ lui doit l'existence... Le baptême a sauvé plus d'enfants que la guerre n'a fait de victimes, sans compter que la guerre, sous l'influence de Jésus-Christ, a beaucoup perdu de sa barbarie. Le Christ a refréné, avec les passions qui empêchent l'humanité de naitre, les ambitions qui la jettent en coupes réglées dans les bras de la mort.

» Il imprime son image sur le front de la paternité. ' fait du respect et de l'amour qui en découlent un sentiment divin. Il consacre nos mères par le souvenir de la sienne, et il leur assure, dans la famille, une royauté tendre, composée du prestige même de leur faiblesse et de leurs larmes.

. . . .

» Après avoir enveloppé tous les vivants de ses sollicitudes, le Christ a fait un culte particulier de la piété pour les morts. Non-seulement il leur garantit un souvenir, mais encore le viatique de nos prières durant la séparation, ménageant ainsi aux présents et aux absents d'un même foyer, des embrasements de cœur jusque dans la tombe.

» Nous lui devons notre famille, nous lui devons nos patrimoines, nous lui devons nos vertus, nous lui devons tout, excepté nos fautes et nos malheurs.... Point de Christ, point de société civilisée. »

(Extrait du *Bon sens de la foi,* par le R. P. Caussette, Paris, 1872.)

LXVIII.

Si vous admettez l'abolition du mariage et la communauté des femmes, le communisme est de droit ; car, la propriété repose sur la famille, comme la famille repose sur l'institution du mariage. Abolissez le mariage, et il n'y a plus ni propriété ni famille possibles.

Le communisme repose, donc, sur l'abolition du mariage et la communauté des femmes. — La débauche, l'immoralité, la licence, l'irréligion, le concubinage y conduisent directement.

Or, la doctrine de l'Evangile prescrit le mariage et le déclare indissoluble. C'est l'application de la loi naturelle. La doctrine du Sauveur proscrit la communauté des femmes, et commande la pureté des mœurs conformément à la loi du Décalogue, la grande Charte du genre humain.

Effacer, en conséquence, la religion du cœur de l'homme, c'est décréter la barbarie, c'est nous faire descendre au-dessous des bêtes les plus féroces !

LXIX.

« Or, il est de votre devoir, vénérables frères, dit S. S. Léon XIII, de faire activement en sorte que la semence des doctrines célestes soit répandue au loin dans le champ du Seigneur et que les documents de la foi catholique soient inculqués de bonne heure dans les âmes des fidèles, afin qu'ils y jettent de profondes racines et qu'elles soient préservées de la contagion des erreurs. Plus les ennemis de la religion s'appliquent activement à fournir de préférence aux hommes et aux jeunes gens inexpérimentés des enseignements de nature à égarer les esprits et à corrompre les mœurs, plus il importe de s'opposer avec zèle, non-seulement à ce que la méthode de l'enseignement soit convenable et solide, mais aussi à ce que les enseignements de la foi catholique elle-même fleurissent partout également dans les écrits et dans les paroles, surtout dans la philosophie, de laquelle dépend en grande partie l'intelligence exacte des autres sciences, et qui loin de viser à renverser la révélation divine, se félicite de lui frayer la voie et de la défendre contre ceux qui l'attaquent, ce que nous enseignent l'exemple et les écrits du grand Augustin, le *Doctor Angelicus*, et les autres docteurs de la sagesse chrétienne. Or, le meilleur enseignement de la jeunesse, pour la protection de la vraie foi et de la religion, et pour la sauvegarde des mœurs depuis l'âge le plus tendre, doit nécessairement commencer dans la famille qui, dans nos temps actuels, a été déplorablement jetée dans l'égarement et qui ne peut être rétablie dans sa dignité que par les lois que le Divin Fondateur de l'Eglise lui-même a instituées.

» Non-seulement il a élevé à la dignité de sacrement le mariage, dans lequel il a voulu symboliser son union avec l'Eglise, et il a sanctifié ainsi le lien conjugal ; mais, de plus, il a procuré aux parents et à leurs descendants les moyens les plus efficaces par lesquels ils puissent obtenir le bonheur dans cette vie et dans l'éternité, en remplissant leurs devoirs réciproques. Mais, comme des lois impies, qui ne tiennent pas compte du lien religieux de cet auguste sacrement, l'ont mis au niveau des contrats purement civils, il en résulte malheureusement que l'on offense la dignité du mariage chrétien en contractant le concubinage légal au lieu du mariage, que les époux négligent les devoirs de la fidélité mutuelle, que les enfants refusent l'obéissance et la soumission aux parents, que les liens de l'amour sont relachés dans la famille, et que, chose encore plus triste et plus nuisible à la morale publique, un amour insensé est souvent suivi d'une séparation funeste et pernicieuse.

» Ces faits malheureux et déplorables doivent, vénérables frères, éveiller votre zèle et vous engager à exhorter assidûment et continuellement les fidèles confiés à notre protection, afin qu'ils prêtent l'oreille aux doctrines concernant la sainteté du mariage chrétien et obéissent aux lois par lesquelles l'Eglise règle les devoirs des époux et des enfants. Nous aurons alors le bonheur de voir s'améliorer les mœurs et la manière de vivre des différents hommes. Car, de même qu'un tronc malsain produit des rameaux chétifs et de mauvais fruits, la souillure qui démoralise les familles nuit à tous par sa déplorable contagion.

» Au contraire, si la famille conforme sa conduite aux préceptes chrétiens, les différents membres s'accoutumeront petit-à-petit à aimer la religion et la piété, à fuir les doctrines fausses et pernicieuses, à cultiver la vertu, à obéir aux parents et à restreindre l'insatiable égoïsme qui a tant abaissé et énervé la nature humaine. Pour arriver à ce but, il ne sera nécessairement pas inutile de réglementer et de favoriser les associations pieuses qui ont été heureusement fondées de notre temps pour le bien de la cause catholique. »

(*Encyclique* du 21 avril 1878.)

www.ingramcontent.com/pod-product-compliance
Ingram Content Group UK Ltd.
Pitfield, Milton Keynes, MK11 3LW, UK
UKHW020333230726
13925UKWH00002B/776

9 782019 173357